Ten Lectures about Bai Juyi

莫砺锋 著

白居易十讲

凤凰出版社

前　言

白居易是唐代最伟大的诗人之一，这是毫无疑问的。但是中国古代没有专门的文学奖，也没有盛行于现代的作家排行榜，所以我们没法说白居易在唐代诗坛上名次如何。当然，即使唐代曾评过优秀诗人奖，或是有过诗人排行榜，也不能说明问题，因为任何文学奖的获奖者都不一定是那个时代最优秀的文学家，排行榜上的名次更是意义不大，所以白居易在唐代诗坛上究竟占有什么样的地位，或者说他究竟在唐代诗坛上排名第几，这个问题是没法回答的。不过我们可以从一些文学史实来估计一下白居易的地位。白居易生前就在诗坛上享有大名，他的诗歌风行海内外，受到各阶层读者的热烈欢迎。当时一个名叫葛清的读者甚至浑身上下刺满了白居易的诗句，堪称白居易的超级粉丝。据记载，葛清浑身上下刺了三十多首白居易的诗歌，而且他对身上的诗句非常熟悉，人家问某一句诗在哪里，他马上就能用手准确无误地指出来，所以别人称他为"白舍人行诗图"，就是一块能移动的白居易诗板。因为白居易做过中书舍人的官，当时人称"白舍人"。

白居易去世五十年以后，晚唐的张为撰写了一本叫《诗人主客图》的书，书中把一些风格独特的大诗人封为某方面的"主"，比如孟郊是"清奇僻苦主"。意思是在"清奇僻苦"这种风格方面，孟郊的诗歌成就最高，是该派诗人的盟主。值得注意的是，《诗人主客图》中的其他大诗人都是某一方面的"主"，只有白居易与众不同，白居易不是某种风格的主，他被尊为"广大教化主"，意思是白居易的诗歌对广大读者有重要的教化作用，他的影响最为广大。

　　几乎与此同时，白居易的诗歌也受到日本、新罗（朝鲜半岛三国之一，503年立国）等东亚邻国的高度重视，在日本人的心目中，白居易的地位甚至超过了李白和杜甫。当然，一个朝代的诗坛的总体情形，也许是后人看得更加清楚，因为正像苏东坡所说的，"不识庐山真面目，只缘身在此山中"，只有隔开较远距离的人才能看清事物的全貌。那么，在后代读者心目中，白居易的地位又如何呢？大致说来，白居易在后人心目中的地位虽然比不上李白与杜甫，但在整个唐代诗坛上总是名列前茅的。比如说清代有一本重要的唐宋诗选，名叫《唐宋诗醇》，所选的诗人名单是乾隆皇帝"御选"的，具体篇目的选定与评注则是由梁诗正等著名文人操作的。这本书在整个唐、宋两代只选了六位诗人，其中唐代有四位，宋代有两位，六位诗人的次序是：

李白、杜甫、白居易、韩愈、苏轼、陆游。请注意这份名单的次序，六个诗人基本上是按照年代先后来排列的，但是有一处例外：因为按照生卒年的次序，这份名单本应该是李白、杜甫、韩愈、白居易、苏轼、陆游，因为韩愈比白居易早生四年，早卒二十二年。那么为什么韩愈和白居易的次序颠倒了呢？这多半是在清代人心目中，白居易和韩愈都是中唐诗人，但是白居易的地位更高，白居易是仅次于李白、杜甫的唐代大诗人，所以习惯性地把他排在韩愈前面了。

这种情况到了现代也没有什么变化，尤其是二十世纪五六十年代，在学术界和阅读界都特别重视诗歌反映民生疾苦的情况的时代里，白居易作为唐代第三大诗人的地位是相当稳固的。那么，我本人又持什么态度呢？说实话，作为一个读者，我不是特别喜爱白居易的诗，但是我承认他在唐代诗坛上的重要地位。在我心目中，唐代大诗人的名单是这样的：李白、杜甫并列为第一层次，王维、韩愈、白居易、李商隐并列为第二层次。请注意，这两份名单中属于同一层次的诗人的次序是按年代来排的，没有高下之分。李白和杜甫是同样伟大的，王维、韩愈、白居易和李商隐四人的成就也难分高下。总而言之，白居易是一位伟大的唐代诗人，这个结论是可信的。

目录

前言 ——————————— 001

第一讲 白居易的青少年时代 ——————— 002

- 002 白居易的家世
- 008 艰难困苦的少年时代
- 013 崭露头角的诗歌天才
- 018 三登科第
- 022 附录

第二讲 《长恨歌》何以成为千古名篇 ——— 026

- 026 白居易写作《长恨歌》的文学史背景
- 030 白居易写出《长恨歌》的必要条件
- 035 唐玄宗与杨贵妃的真实故事

040　《长恨歌》对某些史实的回避

045　《长恨歌》中的细节虚构

049　"夜半私语"发生在何时何地?

053　《长恨歌》的多重主题

057　感伤乎?讽谕乎?

063　《长恨歌》的第一主题:爱情

068　《长恨歌》的白璧微瑕

072　附录

第三讲　京官白居易　　086

086　初入仕途

089　初露锋芒的谏官

095　母丧和服除

098　不在其位也要谋其政的忠贞之士

102　附录

第四讲　白居易对社会的关切　　108

108　白居易写讽谕诗的背景

112　对民生疾苦的深切同情

116　对权贵恶行的无情揭露
120　白居易讽谕诗的意义
123　附录

第五讲　《琵琶行》为何感动我们 —— 130

130　白居易在江州
133　《琵琶行》的故事
139　白居易写作《琵琶行》的背景
142　《琵琶行》为何感人？
149　附录

第六讲　地方官白居易 —— 154

154　初着"绯袍"的忠州太守
157　杭州的西湖和白堤
164　苏州的白公堤
166　清廉自守的地方长官
168　附录

第七讲　元白：互相齐名的亲密朋友 ── 174

- 174　元白的交往过程
- 178　政治和文学的双重知己
- 182　休戚与共，情同手足
- 185　感人至深的友谊颂歌
- 191　两位多情才子，乐天更胜一筹
- 197　附录

第八讲　白居易对仕宦的态度 ── 212

- 212　出仕，还是退隐？
- 216　白居易为什么要"中隐"？
- 219　白居易与"甘露之变"
- 228　"中隐"的道德内涵
- 231　附录

第九讲　白居易的生活态度 ── 236

- 236　从朱熹对白居易的批评说起
- 240　白居易在诗中记叙俸禄、品服
- 246　怎样看待白居易对俸禄的态度

252 白居易的实际生活是否快乐？
258 比下有余故而心满意足
263 附录

第十讲　白居易的晚年生活 —————— 272

272 七老会与九老会
276 捐资开凿龙门险滩
280 安排子嗣与编纂文集
284 唐代的"夕阳红"
287 附录

白居易简谱 —————— 292

后　记 —————— 297

第一讲
白居易的青少年时代

白居易的家世

唐代虽然没有实行魏晋南北朝那样等级森严的门阀制度，出身于社会下层的人们也有机会提升自己的社会地位，但是毋庸讳言，当时门第观念依然存在，出身于高门贵族的士人依然享有某些特权，至少是享有名望。比如初、盛唐时代的崔、卢、李、郑、王，就是当时最著名的高贵门第。所以唐代的士大夫大都喜欢炫耀自己的家庭出身，都喜欢说自己出身于某个高贵的家族。有些唐代诗人确是出身于"累世公侯之家"，像晚唐的杜牧，出身于京兆杜氏，世代为官，人称"城南韦杜，去天尺五"。原来韦家和杜家是唐代的两个大家族，韦家世世代代居住在长安城南的"韦曲"，杜家则世世代代居住在长安城南的"杜曲"，请注意，连这两个地名都是以他们的姓氏来命名的。韦家和杜家的地位离天只有一尺五寸，也就是高贵得接近天界了。杜牧的祖父杜佑是中唐的一代名臣，曾任德宗、顺宗、宪宗三朝的宰相，他还是著名的历史文献学家，杜佑的著作《通典》200卷是记述历代典章制度的名著。难怪杜牧自豪地说："我家公相家，剑佩尝丁当。旧第开朱门，长安城中央。"（《冬至日寄小侄阿宜诗》）

那些出身并不高贵的士人又怎么办呢？他们往往会伪造一个高贵的出身。即使是大诗人李白，也未能免俗。李白的家庭相当富裕，但只是一个普通的商人家庭，祖先没有官宦的经历，而古代的商人是没有社会地位的。据说他的父亲名叫"李客"，大家想想，哪有一个人以"客"为名的？所以李客多半就是"姓李的客人"的意思，因为他从外地来到蜀中经商，人们不了解他的来龙去脉，就称他为"李客"，也就是说李白父亲叫什么名字都不清楚。但是李白自称是汉代名将飞将军李广的后裔，又模模糊糊地说自己是西凉武昭王李暠的后代，所以与李白关系密切的李阳冰——他是受李白临终时所托为其编纂遗稿的人，还有敬仰李白的范传正——他是为李白迁坟改葬的人，他们都说李白是李暠的九世孙。众所周知,唐朝的皇族也自称是李暠的后代,于是李白就在理论上与皇族同宗了。李白在诗文中常称王室的人为"从祖""从叔""从弟"什么的,但是这种关系查无实据。《新唐书·宗室世系表》中对皇族的所有分支的世系都记载得清清楚楚,却根本没有李白这一支的踪影。所以我们只能说李白是一个来历不明的冒牌皇族。当然,唐高祖李渊、唐太宗李世民他们自称是李暠的后代,其实也是冒牌的。这是当时的习俗,李白未能免俗,我们也不必苛求。直到现在,也还有人热衷于修家谱、攀祖宗,一定要说自己的祖先是历史上的某个名人。当然,大家都会选择流芳百世的名人。像董卓、秦桧那样臭名昭著的历史名人,从来不会出现在现代人的家谱里,仿佛他们早已断子绝孙了。其实追踪到一个人的十代祖、二十代祖,即使是真实可信的,又与你有多少关系?要是追到最早的源头,那么我们大家都是中国猿人的后代,这又有什么意义呢?

那么,白居易的情形又如何呢?说实话,白居易在这方面也与李白一样,未能免俗。白居易写过两篇自述家世的"家状",题目是《太原白氏家状二道》,也就是为他的祖父白鍠和父亲白季庚撰写的两篇生平介绍。在第一篇也就是为白鍠所写的《故巩县令白府君事状》中,白居易精心编造了一份白氏世系表,说白氏的远祖是战国时代楚国的太子建，太子建的儿子胜号称白公，乃取"白"为姓氏。白公胜被杀后，其子逃亡到秦国，代为名将，其中包括白乙丙。白氏的裔孙是更有名的大将白起，就是那位在长平把纸上谈兵的赵括指挥的四十万赵军打得全军覆灭的一代名将。那么，白居易自称的籍贯是太原，而太原并不在秦国境内，又怎么能与白起他们发生联系呢？白居易说，白起功大而被赐死，是衔冤抱屈的。秦始皇统一六国后，追思这位一代名将的盖世战功，就把白起之子白仲封于太原，于是白氏就以太原为祖籍了。

　　白居易自己提供的这份白氏世系表，表面上原原本本，脉络清晰，其实全是白居易编造出来的。晚唐诗人李商隐非常敬仰白居易，但是当李商隐应白居易的过继儿子白景受之托，为白居易撰写墓碑铭时，却毫不客气地指出："公之世先，用谈说闻。"什么叫"用谈说闻"？意思就是白居易的世系并无实据，只是口头的传说而已。李商隐当然是看到白居易自己撰写的"白氏家状"的，但是他对白居易自己介绍的白氏世系根本不予采信。后代的历史学家对白居易的家世进行了深入的研究，比如大家所熟知的陈寅恪先生，就曾在这方面下过很大的功夫。现代史学家们一致认为这份世系表是白居易本人伪造的，既无根据，也不可信。

白居易真正的家世又如何呢？其实，白居易的先祖不但不是楚国的太子，也不是秦国的大将，而可能是西域的胡人。具体的考证过程大家可以去看看姚薇元的《北朝胡姓考》、陈寅恪的《元白诗笺证稿》，以及西北师范大学的褰长春教授写的《白居易评传》等著作。简单地说，白居易的祖先多半是汉代西域的龟兹国的白姓，可说是一个彻头彻尾的胡人！请大家注意，我在这里用"胡人"这个称呼，并没有什么贬义，古人所说的"胡"，就是非汉族的其他民族的意思。事实上白居易的堂弟，官至宰相的白敏中就曾自称"十姓胡中第六胡"。他们自己都不以胡人为讳，我们又何必为他们隐讳呢？龟兹族原来居住在白山，地点在现在新疆的库车附近，我还曾专程到库车的龟兹故城去考察过。龟兹臣服于汉朝，汉朝就赐他们姓"白"，这是以他们居住的山名为姓氏。于是龟兹族就世世代代以"白"为姓了。至于说从汉代的西域胡人如何延续到唐代的白居易一族，其中的线索已难以弄清楚。这里我要介绍陈寅恪先生的一个观点。陈先生认为，白居易的家族确实是源出古代西域的龟兹白氏，但是他们来到中原已经很久，在文化上已经与华夏民族完全同化，没有任何迹象可寻了，所以不必过于计较其种族问题。他还指出，在中国的中古时代，种族的区分主要在于文化，而不在于血统。我完全同意陈先生的观点，我觉得白居易虽然是古代西域的龟兹白氏的后裔而不是血统纯粹的汉人，但毫无疑问他是中华民族的伟大诗人。中华民族本来就是一个各民族融合而成的民族大家庭，汉人也好，龟兹人也好，都是构成这个民族大家庭的一员。白居易自幼受到中华传统文化的哺育，他又用优美绝伦的诗歌创作充实、丰富了中华传统文化，他是中华民族当之无愧的杰出代表。有意思的是，当时出身于非汉族血统的大诗人并非只有白居易一人。比如与白居易并称"元白"的大诗人元稹是鲜卑人的后裔，另一个与他并称"刘白"的大诗人刘禹锡则是匈奴人的后裔，这正是中华民族内部各兄弟民族和睦相处的一个绝妙例证，也是各兄弟民族共同创造中华传统文化的一个绝妙例证！

白居易家世中另一个较为复杂的问题是他的父母。白居易的父亲名白季庚，他的母亲姓陈，按当时的习惯，人们称她为白陈氏。白季庚比白陈氏年长26岁，白陈氏15岁时嫁给白季庚，三年后生下白居易，当时她才18岁，而白季庚已经44岁。民间有一种说法，就是老夫少妻所生的孩子格外聪明，白居易的例子似乎是一个有力的例证。白季庚与白陈氏年龄相差较大，这在当时并不算太稀奇的事。这桩婚姻引得后人议论纷纷的是，白陈氏的亲生母亲就是白季庚的亲妹妹，也就是说，他们夫妻两人本是嫡亲的舅舅和外甥女的关系,他们的婚配错了辈分。这样,白居易的外祖母又是他的嫡亲姑母,以至于白居易在为外祖母撰写墓志铭时不得不煞费苦心地含糊其辞。白居易父母的离奇婚事,使得后代的历史学家大伤脑筋。他们既要弄清楚真实情况,又要对它做出合理的解释。因为近亲结婚又乱了辈分,在当时是不合礼法的。有人认为这因白氏本是胡人,所以不遵守中原的礼制。也有人认为其中另有隐情。当然,这丝毫无损于白居易的伟大,这对白居易伟大诗人的名声并没有什么损害,但在当时,这桩离奇的婚姻毕竟对白居易产生过不利的影响。因为白居易的母亲后来精神上有些不正常,传说她犯病时就想自杀,有时竟需要两个健壮的女仆来看守她,还传说她是掉进水井淹死的。当白居易因为在朝廷里勇于进言而受到诬陷时,还有人拿此事大做文章。后代有的学者推测白陈氏是得了精神分裂症,这也许与她不正常的婚姻有关。

艰难困苦的少年时代

公元 772 年,也就是唐代宗大历七年,白居易出生于郑州的新郑县(今河南新郑)。这时杜甫已于两年前去世,李白已于十年前去世。白居易 44 岁时写过一首诗，题目叫《读李杜诗集因题卷后》，诗中有两句说："天意君须会，人间要好诗。"是啊，李白、杜甫都已离开人间，但是在唐代这样一个重视诗歌的朝代，怎能没有一个伟大诗人来当诗坛盟主呢？白居易这样说，多少有点自我肯定的意思。我们也不妨借用这两句诗来评价白居易的降生在中唐诗坛上的意义：白居易在李白、杜甫死后不久来到人间，某种意义上说，真是天意的安排啊，因为天意是要让人间出现伟大诗人的！

古语说："艰难困苦，玉汝于成。"如果把这句话限定在诗歌领域内，那真是至理名言。中国历史上所有的伟大诗人都受到过艰难困苦的磨炼，而且必须经受这种磨炼，白居易也不例外。白居易虽然出生于官宦之家，但是他的家境并不十分优裕。白居易出生的第二年，祖父白锽就去世了。白锽是明经出身，曾长期在河南一带做低级的地方官，如鹿邑县的县尉、洛阳县的主簿、巩县的县令等，所以后来把家安在郑州的新郑县。白居易的父亲白季庚也是明经出身，做过萧山县尉、宋州司户参军等小官。由于父亲常年在外地做官，而且经常调动，居无定所，幼年的白居易就随着母亲住在新郑县，他是在外祖母和母亲的教导下成长起来的。

祖、父两代都是明经出身，都做低品级的地方官，这样的家庭背景对白居易有两个重要影响：一是熟悉儒家经典，从而深受儒家思想的熏陶。因为"明经"是唐代的一种科举名目，与进士科考试重视诗赋不同，明经科特别重视对儒家经典的掌握和理解。虽然明经科的考试内容基本上属于死记硬背，但考生必须把儒家经典背诵得滚瓜烂熟才能考上，在这个过程中当然会潜移默化地受到儒家思想的深刻影响。二是比较接近社会下层的生活，对民间疾苦有较多的了解。帝制时代的京官高高在上，很少走出皇城，他们根本没有机会了解民间的真实情况。地方上的高级官员也依然是高高在上，与普通百姓相当隔膜。只有低品级的地方官才能直接与百姓接触，才能对民间疾苦有近距离的观察。白锽在白居易出生的次年就去世了，他对白居易的影响不是太大。但是白季庚对白居易的影响却是相当重大的。白季庚虽然没有担任过太重要的官职，但是他在地方官任上兢兢业业，颇有政绩。781年，也就是白居易10岁那年，军阀李纳围攻徐州，当时徐州兵力严重不足，正任徐州别驾的白季庚组织吏民千余人，协助刺史李洧坚守徐州城。他冒着敌人的乱箭，昼夜在城墙上抵抗，坚守了四十二天，终于等到救兵前来解围，事后白季庚得到朝廷的嘉奖。这种忠心报国、不计自身安危的精神，对日后的白居易有着深远的影响。

中唐的社会现实是，虽然安史之乱早已平定，但是由此造成的藩镇割据却绵延不断，此起彼伏，局部地区甚至烽烟时起。而朝廷里宦官专权、朋党恶斗的政局则使得朝政黑暗，国势衰弱。在这样的局势下，百姓生活痛苦不堪。即使是出身于小官僚家庭的白居易，也在青少年时代过着动荡不安且相当贫困的生活。请看白居易在28岁那年所写的那首有名的七言律诗，就可看出这一点。这首诗有一个很长的标题：《自河南经乱，关内阻饥，兄弟离散，各在一处。因望月有感，聊书所怀，寄上浮梁大兄、於潜七兄、乌江十五兄，兼示符离及下邽弟妹》。所谓"河南经乱，关内阻饥"，指的是什么内容呢？"经乱"就是经过战乱，"阻饥"就是饥饿。原来在唐德宗建中三年（782），李希烈叛乱。第二年叛军攻陷汝州，洛阳震恐。同年十月，长安泾原兵变，唐德宗出奔奉天，叛军拥立朱泚为皇帝。十二月，李希烈攻陷汴州。老子说得好，大军之后，必有凶年。果然，就在兴元元年（784），关中一带发生了大饥荒，老百姓不但吃树皮草根，而且蒸煮蝗虫来充饥。汝州就是现在的河南临汝，汴州就是现在的河南开封，这两个地方离白居易家居住的新郑都很近。所以783年，年方12岁的白居易随其母亲奔逃到符离县去投奔父亲，符离就是现在安徽宿州的符离集附近，现在是京沪线上以烧鸡著名的一个小地方，唐代是属于徐州管辖的一个属县，当时白季庚正在那里做官，官职是徐州别驾。

到了784年，由于徐州一带又受到战乱的威胁，白家在符离也住不安稳了，白季庚就把家属转移到江南去，白居易也随着家人离开符离，到江南去投亲靠友。白居易有一个叔父白季康，正在溧水县当县令。还有一个堂兄白逸，就是所谓的十五兄，正在乌江当主簿。可见白居易少年时代是在兵荒马乱的岁月中度过的。动荡不安的时代、颠沛流离的经历，使少年白居易的心灵经受了极大的震撼。那首著名的七言律诗是这样写的："时难年荒世业空，弟兄羁旅各西东。田园寥落干戈后，骨肉流离道路中。吊影分为千里雁，辞根散作九秋蓬。共看明月应垂泪，一夜乡心五处同。"心情是多么的沉痛，风格是多么的沉郁！国家动荡，百姓遭殃。白家本是颇有田产的官宦家庭，但战乱之后，家产荡然无存。弟兄们四处逃难，骨肉分离，天各一方。诗人在一个秋夜望月怀远，想到离散在各地的兄弟姐妹们一定也在望月感伤。大雁本是结伴飞行的，它们在空中排成整整齐齐的"一"字或"人"字，古人认为它们井然有序，所以用"雁序"这个词来比喻兄弟。可是如今兄弟离散，形单影只，就像是一只只的孤雁，分散在千里之外。蓬草本是连着根株的，可是秋风一起，蓬草离根飞去，随风飘荡，忽东忽西。多么鲜明的意象，多么深刻的内涵！难怪这首情真意切的好诗被后人选进了《唐诗三百首》，是白居易入选《唐诗三百首》的唯一的七言律诗。更重要的是，少年时代饱经离乱的经历使白居易对社会下层的真实情形有较深的了解，对民间疾苦有较深的同情，这种阅历是那些长于富贵之家的纨绔子弟所缺乏的，是成就一个伟大诗人的重要条件。

崭露头角的诗歌天才

白居易是个天才儿童。据他自己回忆说，他出生才六七个月，连话还不会说的时候，就开始认字了。他的奶妈抱着他在写着字的屏风前玩，有人指着屏风上的"无"字和"之"字给他看，告诉他这是什么字，他竟然就记住了。后来别人再用这两个字考他，他每次都能准确地指认出来。认字比说话还早，这大概是日后成为大诗人的先兆吧。当然，天才只是成功的必要条件，但并非充分条件。真正让白居易成为大诗人的原因还是其勤奋。白居易后来屡次回忆自己少年苦读的情形，在一首题为《朱陈村》的诗中说："十岁解读书，十五能属文。""属文"就是写文章。他在写给好友元稹的信中更加细致地回忆了少时发愤苦读的情形：五六岁便学习写诗，九岁就懂得写诗必需的声韵知识。十五六岁知道进士科举后，更加"苦节读书"。二十岁后则是白天练习写赋，晚上练习书法，中间又抽空写诗，根本无暇休息。白居易苦学的结果是，读书读的嘴巴、舌头都长了疮；写字写的手掌和胳膊肘上都结了老茧。甚至到他成年以后，还身体瘦弱，未老先衰，早早的就头发变白、牙齿松动，眼前常常出现成千上万的光斑，像是无数的苍蝇在眼前飞舞，又像是无数的珠子在眼前闪烁。当然，天道酬勤，白居易付出的代价虽高，但所获得的报酬也是丰厚可观的。这个报酬就是，他的诗才和文才很早就成熟了。

有一个很有名的传说，说少年白居易到长安去谒见当时的大诗人顾况，并把自己的诗作献给顾况请教。顾况一听来人名叫"白居易"，就大笑起来，说："长安百物贵，居大不易！"（《唐摭言》）另一种记载是："长安米贵，居大不易！"（《全唐诗话》）或是："米价方贵，居亦弗易！"（《幽闲鼓吹》，此书的年代最早）虽然有不同的传闻，但意思都是一样的：长安的物价很昂贵，连吃饭问题都难以解决，更不用说购房或租房居住了，你怎么能声称"居易"呢？

这个传说当然是有问题的,首先白居易的名字并不是"居住很容易"的意思,当然更不能与他的姓联系起来,理解成"白住房子很容易"!古人取名,尤其是士大夫家里为男孩子取名,总是要从经典中寻找出处的。白居易的名字也不例外,这个名字来源于儒家经典《礼记》的《中庸》篇:"君子居易以俟命,小人行险以侥幸。"意思是君子自处于平安的境地以听天任命,而小人却不顾危险来追求侥幸。这里的"居"是"处于"的意思,而不是"居住"。"易"则是"平安"的意思,而不是"容易"。白居易的祖父和父亲都是明经出身,当然熟知儒家经典《礼记》。其实白居易的字"乐天"也是源于经典《周易》中"乐天知命故不忧"的句子,意思是乐于顺应天命,所以没有忧虑。由此可见,"居易"与"乐天"的意思是紧密相关的,古人的名和字的意思往往互有关联,所以"乐天"这个字从侧面证明"居易"的含意绝对不会与居住有关。当然,大诗人顾况肯定不会不懂这一点,如果他真的那样说了,也只是故意曲解白居易名字的意思,来与这个后辈开个玩笑而已。有人说这个故事完全是子虚乌有的,是后人杜撰出来的,因为白居易在789年(18岁)前没进过长安,而顾况在789年离开长安,以后没有再到长安的记录,所以二人不可能在长安相见。当然,也有可能二人是在苏州相见,因为789年二人都在江南，只是传说把两人相见的地点弄错了。据说顾况说了上面那番话后，就打开白居易的诗卷来读，一下子读到了"野火烧不尽，春风吹又生"两句，大为叹赏，说："有句如此，居亦何难！"意思是能写出如此优美的诗句，居住还有什么难的！这两句诗见于《赋得古原草送别》，全文是："离离原上草，一岁一枯荣。野火烧不尽，春风吹又生。远芳侵古道，晴翠接荒城。又送王孙去，萋萋满别情。"这是白居易16岁时写的诗，可能是为了应付进士考试而写的习作，也有可能是真的在送别友人时所写，不管是在哪一种情境下写的，它都是一篇杰作。后人把它选进《唐诗三百首》，完全合格。全诗都写得很好，但其中的警句无疑是"野火烧不尽，春风吹又生"两句。顾况一眼相中它们，说明他很有眼力。

"野火烧不尽，春风吹又生。"这两句诗不仅仅是优美的诗句，而且成为后人经常引用的含义深刻的成语。请大家想一想，一个年方16岁的少年，竟然创作出如此优美而又深刻的诗句，后来又成为流传千古的成语，这不是天才又是什么？创造一个成语是非常困难的，不信的话大家试试看，毕终生之力，能不能创造一个成语出来。我是早就认输了，我今年已经70多岁了，自从1979年考取南京大学中文系的研究生，四十多年来一直都在中文系学习或教书，都在与文字打交道，但我迄今为止没有发现自己有创造任何成语的可能性。所以说，只凭这两句诗，白居易的才华就是确凿无疑的。顾况所说的"有句如此，居亦何难"是准确的预言。三十七年以后，当白居易53岁时，好友元稹为他的诗集写序，说鸡林国的商人十分急切地求购白居易的诗作，自称本国宰相愿意出一百两银子换一首白居易的诗。而且鸡林国的宰相还很识货，要是拿伪造的白诗去骗他，他往往能辨别出来。所谓的鸡林国，就是新罗国，其领土包括大半个朝鲜半岛。相传在东汉永平八年（65）新罗王夜闻金城西的始林有鸡声，就改国名为鸡林，所以唐人习惯称新罗为鸡林。请大家想想，一首诗就值一百两银子，诗歌产量高达三千来首的白居易要在长安城里购房居住，还不是小事一桩！顾况不算是成就太高的诗人，他的人品也有点问题，但是他对白居易的预言可真是准确：一个伟大的诗人降临到中唐诗坛上来了。果然，就在顾况说出这个预言之后不到二十年，白居易就以一首杰出的七言歌行《长恨歌》震惊了整个诗坛。

三 登科第

经过青少年时代的刻苦学习,白居易的学识和才能都成熟了。贞元十五年(799),28岁的白居易在宣州(今安徽宣城)参加"州试",取得了"乡贡"的资格,就是有资格到长安参加进士考试了。第二年,白居易在长安应进士试,以第四名及第。唐代的进士考试是非常难以考中的,因为每年应试的考生总有千人以上,但录取的名额却最多不过二三十名,有时甚至只有十几名。所以当时有"五十少进士"的说法,就是50岁时考中进士已经算是很年轻了。贞元十六年的那一榜,一共录取了十七名进士,29岁的白居易是其中最年轻的一人。所以白居易觉得春风得意,写诗说:"慈恩塔下题名处,十七人中最少年!"慈恩寺塔就是现在西安城里的大雁塔。原来唐代有一个习俗:每年及第的新科进士都要到慈恩寺塔下去题名。所以白居易得意地说,今年一共十七人进士及第,我是其中最年轻的一个!唐代的制度规定,进士及第的人还得通过吏部的铨试才能被真正授予官职,而且一般须等待三年。要想提前进入仕途,就必须参加吏部举行的科目试。于是白居易又于贞元十八年(802)参加了名叫"书判拔萃科"的科目试,第二年被朝廷授予"校书郎"的官职。与他同时通过"书判拔萃科"的还有元稹等人，元、白二人从此订交，成为终生不渝的好朋友。三年以后，也就是元和元年（806）四月，35岁的白居易又和元稹一起参加了名为"才识兼茂明于体用科"的制科，元稹考中了第三等，白居易则考中了第四等。大家可不要以为他俩考的都不够好，其实已经够好了。一来制科是非常难考的，每科录取的人很少；二来在整个唐、宋时代，制科的最高等级就是三等，一、二两等一向空缺，等于是虚设的。宋代大名鼎鼎的苏东坡参加制科，也只考了个三等，当时就暴得大名。从贞元十五年（799）到元和元年（806），短短的六七年间，白居易"三登科第"，他既没有高贵的门第可以倚仗，又没有得到达官贵人的特别关照，完全是凭着自己的刻苦读书、自我奋斗而实现了人生理想的第一步，从此步入了仕途。

考中制科后，白居易于元和元年被任命为盩厔县县尉，当时他正是35岁的壮年。县尉是低品级的地方基层官员，按当时的制度规定，全国的县被分成八等，盩厔县是所谓的畿县，属于八等中的第二等。畿县设有两个县尉，品级是正九品下，职责是辅佐县令处理日常政事，唐人称县令为"明府"，故称县尉为"少府"。应该说，对于这样的一个职位，白居易本人是很不满意的。因为这样的官职只是在攘攘红尘中趋走服役的小吏，这距离他为自己设计的人生理想实在是太远了。白居易在盩厔县县尉的任上只待了不到两年，还没有等到他做出什么出色的政绩，就离任了，这段短短的仕宦经历在白居易的政治生涯中几乎是无足轻重的。但是，这段经历在白居易的文学生涯中却有难以估量的重要作用，因为传诵千古的名篇《长恨歌》就是在盩厔写出来的。《长恨歌》不但是使白居易在唐代诗坛上一举成名的重要作品，而且是整个中国诗歌史上永垂不朽的杰作。只要想到《长恨歌》，我们就该庆幸命运让白居易到盩厔这个美丽的地方去生活了一段岁月！

"盩厔"这两个字很不常用，所以1964年被国务院改成"周至"了。其实盩厔原是一个很美丽的地名，《元和郡县图志》解释说："山曲曰盩，水曲曰厔。"所以"盩厔"就是山水盘曲的意思，它位于长安西南一百多里，南倚终南山，北临渭水，风景非常美丽。当年隋文帝杨坚路经那里，被那儿的幽美风光吸引，就在当地修建了一座行宫，作为消夏避暑之地，取名"仙游宫"。后来改为道观，称"仙游观"。又改为佛寺，名"仙游寺"。白居易来到盩厔之后，很快就结识了当地的两个士人，一个叫陈鸿，另一个叫王质夫。当年十二月，三人来到仙游寺游览。盩厔距离马嵬驿只有五十里，当地肯定流传着许多关于唐玄宗与杨贵妃故事的传说，白居易他们就谈论起李、杨故事来了。王质夫其人原是山东琅琊人，寄居盩厔。此人的生平不可考，也没有什么文学作品传世。但是他对唐代诗歌有一个很大的贡献，就是提议白居易写《长恨歌》。根据陈鸿《长恨歌传》的记载，当时白居易与陈鸿、王质夫在仙游寺里谈起李、杨故事，感叹不已。王质夫当场向白居易敬酒，劝他写一首歌行来咏唐玄宗与杨贵妃的故事。这杯酒真是劝得好啊！这一劝，竟然催生了一首流传千古的《长恨歌》！就凭这一点，王质夫其人也足以名垂青史了。

附　录

读李杜诗集因题卷后

翰林江左日，员外剑南时。不得高官职，仍逢苦乱离。
暮年逋客恨，浮世谪仙悲。吟咏流千古，声名动四夷。
文场供秀句，乐府待新辞。天意君须会，人间要好诗。

自河南经乱，关内阻饥，兄弟离散，各在一处。因望月有感，聊书所怀，寄上浮梁大兄、於潜七兄、乌江十五兄，兼示符离及下邽弟妹

时难年荒世业空，弟兄羁旅各西东。
田园寥落干戈后，骨肉流离道路中。
吊影分为千里雁，辞根散作九秋蓬。
共看明月应垂泪，一夜乡心五处同。

朱　陈　村

徐州古丰县，有村曰朱陈。去县百余里，桑麻青氛氲。
机梭声札札，牛驴走纭纭。女汲涧中水，男采山上薪。

县远官事少，山深人俗淳。有财不行商，有丁不入军。
家家守村业，头白不出门。生为陈村民，死为陈村尘。
田中老与幼，相见何欣欣。一村唯两姓，世世为婚姻。
亲疏居有族，少长游有群。黄鸡与白酒，欢会不隔旬。
生者不远别，嫁娶先近邻。死者不远葬，坟墓多绕村。
既安生与死，不苦形与神。所以多寿考，往往见玄孙。
我生礼义乡，少小孤且贫。徒学辨是非，只自取辛勤。
世法贵名教，士人重官婚。以此自桎梏，信为大谬人。
十岁解读书，十五能属文。二十举秀才，三十为谏臣。
下有妻子累，上有君亲恩。承家与事国，望此不肖身。
忆昨旅游初，迨今十五春。孤舟三适楚，羸马四经秦。
昼行有饥色，夜寝无安魂。东西不暂住，来往若浮云。
离乱失故乡，骨肉多散分。江南与江北，各有平生亲。
平生终日别，逝者隔年闻。朝忧卧至暮，夕哭坐达晨。
悲火烧心曲，愁霜侵鬓根。一生苦如此，长羡陈村民。

赋得古原草送别

离离原上草，一岁一枯荣。野火烧不尽，春风吹又生。
远芳侵古道，晴翠接荒城。又送王孙去，萋萋满别情。

第二讲
《长恨歌》何以成为千古名篇

白居易写作《长恨歌》的文学史背景

唐玄宗和杨贵妃的故事,是唐代诗人最爱吟咏的主题。一来与这个故事密切相关的安史之乱是唐代惊天动地的大事变,安史之乱不但是唐玄宗的统治由盛转衰的标志性事件,而且是整个大唐帝国由盛转衰的分水岭。安史之乱以后,大唐帝国便再也无法重现昔日的辉煌了,唐太宗的贞观之治和唐玄宗的开元盛世便成为中唐人和晚唐人永远的追忆了。所以从亲身经历了那场大动乱的杜甫开始,直到晚唐的李商隐、杜牧等人为止,诗人们都对唐玄宗从励精图治变为荒淫误国的经历慨叹不已,也对唐玄宗与杨贵妃的故事追怀不已。

　　杜甫是最早对唐玄宗和杨贵妃的故事进行全面吟咏的诗人，他的诗里对这个故事的来龙去脉都有所涉及，他对二人既有批判又有同情的复杂态度，直接影响了包括白居易在内的后代诗人。早在天宝十二载（753），杜甫就在《丽人行》中对杨贵妃以及她的姐姐们的骄奢淫逸进行了辛辣的讽刺。杜甫揭露了这些贵夫人锦衣玉食、暴殄天物的生活，还揭露了杨贵妃的堂兄杨国忠炙手可热、权势熏天的表现，杜甫还一针见血地指出他们所以能如此肆无忌惮，完全是唐玄宗一味宠爱杨贵妃、一味纵容杨氏家族的结果。三年以后，马嵬坡事变发生，此时的杜甫对唐玄宗和杨贵妃的态度非常复杂。一方面，他十分痛恨唐玄宗荒淫无度，也痛恨杨贵妃及其家族骄奢淫逸，正是他们的行为使得朝政昏暗，终于酿成天翻地覆的大事变，使国家和人民遭受了惨绝人寰的大悲剧。他在《北征》这首诗中毫不留情地对杨贵妃在马嵬坡被杀之事表示赞成，他说："不闻夏殷衰，中自诛褒妲。"大家注意，这两句诗是用的互文见义的手法，杜甫实际上写到了古代的三个君主因宠爱美女而导致亡国的事件：夏朝末年的夏桀宠爱美女妹喜，商朝末年的殷纣王宠爱美女妲己，周朝末年的周幽王宠爱美女褒姒，从而如出一辙地导致了身死国亡。女色亡国的说法在今天看来当然不够准确，亡国的主要责任并不在这些美女身上。但是说那些美女对亡国之事毫无责任的观点也未必妥当，古代的传说中把妲己说成妖精，马嵬坡事变时将士们坚决要求诛杀杨贵妃，这毕竟表明了当时人民的爱憎态度。杜甫把杨贵妃被杀称作"诛褒妲"，这表达了十分鲜明的态度。"诛"这个字，现代的字典上说它的意思就是"杀戮"。其实在古代，"诛"往往是指带有正义性质的杀戮，是杀死有罪之人的杀戮，它不是一个中性词。当然，忠君思想十分浓厚的杜甫必须对唐玄宗有所回护，所以他说"中自诛褒妲"，仿佛是唐玄宗主动下令诛杀杨贵妃。但是他在下文就热情歌颂在马嵬坡事变中起了关键作用的陈玄礼说："桓桓陈将军，仗钺奋忠烈。微尔人尽非，于今国犹活。"意思是威风凛凛的陈玄礼将军指挥着御林军发挥了忠诚刚正之心，要是没有你，人们都将不再是大唐王朝的国民了。由于你在关键时刻挺身而出主持正义，大唐帝国至今依然存在。这是对发动马嵬坡事变的将士的高度肯定，也是对杨国忠以及杨贵妃他们的尖锐批判，同时也就表明杜甫并没有把马嵬坡事变的主动权归于唐玄宗。杜甫对唐玄宗、杨贵妃他们是持严厉的批判态度的。

但是另一方面，唐玄宗毕竟曾是开创了开元盛世的一代英主，青少年时代亲身经历过开元盛世的杜甫对他是怀有感情的。杨贵妃在马嵬坡的遭遇如此悲惨,杜甫对她也有所同情。所以当杜甫被安史叛军扣押在长安时,他回顾杨贵妃受到玄宗宠爱的情形时就多有恕词,他在《哀江头》一诗中说:"忆昔霓旌下南苑,苑中万物生颜色。昭阳殿里第一人,同辇随君侍君侧。"下文还说:"明眸皓齿今何在,血污游魂归不得。清渭东流剑阁深,去住彼此无消息。人生有情泪沾臆,江水江花岂终极?"杜甫慨叹说杨贵妃的花容月貌如今到哪里去了?她的游魂早被鲜血污染,无法再返回长安来。"清渭"是指渭水之滨的马嵬坡,那里埋葬着杨贵妃。"剑阁"是指剑门关,唐玄宗入蜀要从那儿经过。意思是唐玄宗和杨贵妃一生一死,永远隔绝。这些词句里分明流露出相当深厚的同情和悲悯,这对白居易等敬仰杜甫的后代诗人肯定会产生相当大的影响。

对于唐玄宗和杨贵妃的另一件恶行,就是杨贵妃爱食荔枝,唐玄宗竟然下令用多马接力的方式从南海边向长安运送荔枝,为了口腹之欲不惜劳民伤财,对人民造成了极大危害,杜甫也曾严词批判:"忆昔南海使,奔腾献荔支。百马死山谷,到今耆旧悲。"(《病橘》)但是另一方面,当杜甫在唐玄宗、杨贵妃二人身死多年之后,提到此事时语气就委婉多了:"先帝贵妃今寂寞,荔枝还复入长安。炎方每续朱樱献,玉座应悲白露团。"(《解闷十二首》之九)可以说，杜甫对唐玄宗和杨贵妃的复杂态度，正是白居易在《长恨歌》里既有讥刺又有赞美的复杂主题的直接源头。

总而言之，唐代诗人对唐玄宗、杨贵妃故事的持久不衰的关注，是白居易写作《长恨歌》的文学史背景。

白居易写出《长恨歌》的必要条件

是白居易而不是其他诗人写出了《长恨歌》，原因在于白居易拥有他人不具备的充分条件，这个条件就是白居易自身的诗歌才华和性格特征。当王质夫举酒相劝白居易写一首歌行来吟咏李、杨故事时，他的原话是："夫希代之事，非遇出世之才润色之，则与时消没，不闻于世。乐天深于诗、多于情者也，试为歌之，如何？"这段话是记录在陈鸿的《长恨歌传》中的，陈鸿是在仙游寺里与白、王两人一起谈论李、杨故事的，所以这是最真实的记录。王质夫认为，唐玄宗与杨贵妃的故事是世所罕见的，"希代"就是"稀世"，也就是"世所稀有"的意思，如此情节曲折的悲欢离合故事，又是发生在帝王后妃的身上，当然是十分可贵的诗歌题材。因为在帝制时代，帝王及其家人是全体臣民关注的重心，帝王家里的一举一动，都会牵动民众的目光。即使是在现代的英国乃至整个世界,查尔斯王子与戴安娜王妃的悲欢离合,还不是引得人们举世若狂,无休无止地予以关注甚至追踪报道?所以对于唐代的臣民来说,唐玄宗和杨贵妃悲欢离合的经历肯定是他们茶余饭后谈论的最好故事,也肯定会成为诗人们吟咏不尽的最好题材。然而这么复杂的内容,这么感人的故事,必须有杰出的诗歌才华才能够绘声绘色地予以叙述,否则就会糟蹋了好题材,所以王质夫力劝白居易担当起这个重任。值得注意的是,王质夫认可白居易写作资格的两句话是"乐天深于诗、多于情者"。说白居易"深于诗",当然是毫无疑问的。虽然这时白居易只有35岁,但是他诗才早熟,诗名早著,当年打动顾况的"野火烧不尽,春风吹又生"的名句竟是16岁时所写的。如今又过去了近二十年,他又是始终孜孜不倦地苦练写诗的,此时当然已经具备充足的诗歌修养,也就是"深于诗"了。但是为何王质夫又说白居易是"多于情"呢?让我们从白居易的爱情经历说起。

白居易结婚很晚,就在写《长恨歌》的第二年春天,他在一首题为《戏题新栽蔷薇》的诗里还说:"移根易地莫憔悴,野外庭前一种春。少府无妻春寂寞,花开将尔当夫人。"就是说他在院子里栽了一棵蔷薇花,因自己尚无妻子,春日寂寞,姑且把娇美的蔷薇花当作夫人看待。直到

37岁，他才与杨氏夫人结婚。在唐代，像白居易这样一个出身官宦人家的士人，而且早在29岁就进士及第了，竟然迟迟没有结婚，这实在是相当奇怪的事情。后代的白居易研究者大多把此归因于他早年曾爱上一位名叫湘灵的姑娘，但是两人门第不同，限于当时的礼教和习俗，两人不能正式成婚，所以拖延耽误了自己的婚事。

综合各种材料，我们大概可以知道，湘灵是居住在符离的一位姑娘。白居易的父亲曾在徐州做官，还把家置于徐州附近的符离，就是现在安徽宿州的符离集，白居易幼年时期曾跟随父亲在符离生活过一段时间，后来也断断续续地在符离住过几年，还在那里结交了一些朋友，即所谓的符离五子。湘灵家在符离，可能是与白家相邻的一个寻常百姓家的姑娘，她成了白居易的初恋情人。在当时的社会条件下，出身官宦人家的白居易是不可能与湘灵结为夫妇的，因为两人门不当、户不对。但是白居易对湘灵一往情深，也许是因为这个原因，白居易迟迟没有结婚。我们已经永远无法知道白居易与湘灵两人恋爱的完整过程了，但是我们能从白居易的诗歌中感受到他对湘灵的真挚爱情。请看《感情》一诗："中庭晒服玩，忽见故乡履。昔赠我者谁？东邻婵娟子。因思赠时语，特用结终始。永愿如履綦，双行复双止。自吾谪江郡，漂荡三千里。为感长情人，提携同到此。今朝一惆怅，反覆看未已。人只履犹双，何曾得相似？可嗟复可惜，锦表绣为里。况经梅雨来，色黯花草死。"这首诗一向不太受人重视，其实是一首情深意长的爱情诗，非常可贵。请大家注意，这首诗作于元和十二年（817），白居易正在江州司马的任上。此时白居易已经46岁，已经人到中年，已经经历过险恶的宦海风波，也早已结婚生子。但是他在晾晒衣服时偶然看到一双旧鞋，却依然情难自已。其中没有别的缘故，就是因为这双鞋子是湘灵赠送给他的定情之物！所谓故乡履，就是说此鞋来自故乡。白居易的郡望是太原，祖籍是同州韩城，但是白居易从未在那两个地方生活过。他出生在河南的新郑，后来又随父居住在符离，青少年时代的白居易在这两个地方生活的时间较长，所以他把这两个地方都视为家乡。但是他在新郑的生活是在12岁以前，还是个情窦未开的男孩子，不可能有一个"东邻婵娟子"来赠鞋表示爱情。所以诗中的"东邻婵娟子"只能是家住符离的湘灵姑娘。大家知道，亲手缝制一双鞋子赠给情郎，本是民间女子表示爱情的一种习惯行为。20世纪70年代我插队务农的时候，还曾亲眼看到村子里的姑娘有这种行为。湘灵本是个小家碧玉，她为了对白居易表示爱情，就亲手缝制了这双鞋子，这可不是一双一般的鞋子，"锦表绣为里"，就是鞋面是用锦缎制成的，鞋里子上也精心绣上了花纹。请大家想想，人们把鞋穿在脚上，鞋里子是根本看不见的。从实用的角度来看，鞋里子根本不用绣花。但是这位心灵手巧的湘灵姑娘偏要给鞋里子绣上花纹，那一针一线都浸透了她的柔情蜜意啊！白居易还记得湘灵送鞋给他时的一番话语：她想用这双鞋子来绾结永远不变的亲密关系。因为鞋子总是成双成对的，两只鞋子是永远不会分离的，所以她把这双鞋视为爱情的象征。可惜的是命运使他们劳燕分飞，如今鞋子虽然还是成双成对，两个情人却各奔东西，形单影只。"人只履犹双"这句诗，字面上平平淡淡的，其实浸透着失恋者的辛酸泪水。请大家注意，人到中年的白居易对青年时代的旧情人如此的念念不忘，一个早已进入仕途而且早已结婚的人，却把一双"色黯花草死"的旧鞋始终携带在身边，这不是"多于情"又是什么呢？

诗才杰出，感情丰富，这是白居易写作《长恨歌》的必要条件，也是充分条件。因为《长恨歌》既有一个格外缠绵悱恻的爱情题材，又有一个格外错综复杂的复合主题，谁能比白居易更胜任这个写作任务呢？于是，王质夫就举杯向白居易敬酒，劝他写一首长歌来吟咏唐玄宗和杨贵妃的故事。白居易随即奋笔疾书，一首传诵千古的《长恨歌》就此诞生了。

唐玄宗与杨贵妃的真实故事

让我们从真实的历史说起。

封建帝王往往是爱好美色的,当然,好色也许是多数男人都具有的天性,孟子说:"人少,则慕父母;知好色,则慕少艾。"杨伯峻先生把这两句话翻译成:"人在幼小的时候,就怀恋父母;懂得喜欢女子,便想念年轻而漂亮的人。"看来孟老夫子是个善解人意的哲人,他这句话里的"好色"两字并没有多少谴责的意思。然而普通人即使好色,也没有条件闹到昏天黑地的程度。帝王就不同了,帝王是所谓的天子,《诗·小雅·北山》中有这样的句子:"溥天之下,莫非王土;率土之滨,莫非王臣。"就是天下都是属于帝王的,四海之内的人都归帝王管辖,那么,天下的美女当然都可以成为帝王的姬妾。所以帝王如果好色,就一发而不可收拾了。因此孔子看到卫灵公与美女南子同坐一辆车子招摇过市,就很不高兴地说:"已矣乎!吾未见好德如好色者也。"(《论语·卫灵公》)要是他老人家看到一个平头百姓与自己的美貌妻子同车,多半不会这样生气。的确,自古以来就流传着许多昏君因宠爱美女而导致亡国的故事:夏桀王宠爱妹喜,遭到商汤的讨伐后带着妹喜南奔,死于南巢之山。商纣王宠爱妲己,荒淫乱政,导致周武王的讨伐，商纣自焚于鹿台，妲己也自缢而死。周幽王宠爱褒姒，竟多次谎报敌警，举烽火骗诸侯前来相救，以博取褒姒的一笑，最后国破身亡。这些故事都是人们耳熟能详的。

《长恨歌》开头一句就是"汉皇重色思倾国"，说的也是一个古代君王宠爱美女的故事。当然，以汉喻唐，本是唐代诗人惯用的手法，白居易用汉武帝来比拟唐玄宗，好像也是一种习惯性的写法。但是仔细追究，事情又不这么简单。众所周知，汉武帝固然是一代英主，但是他的性格弱点也非常明显。比如他迷信方士，追求长生，就到了不可救药的程度。汉武帝的好色，也是非常有名的。武帝还是个幼童的时候，他的姑妈长公主把他抱在膝盖上，指着自己的女儿阿娇，问他："愿意娶她为妻吗？"武帝回答说："要是能娶阿娇为妻，定要筑一座金屋给她住。""金屋藏娇"的成语就此产生了，一个乳臭未干的顽童竟然创造了这个与女色有关的成语，可见他的好色简直是与生俱来的本性。这个故事虽然是出于野史《汉武故事》，但是无风不起浪，总还是有点根据的。而且《汉武故事》当然也是白居易所熟悉的前代典籍，白居易写作《长恨歌》时肯定会想到这个传说。

汉武帝后来的所作所为证明他确实是好色成性，陈阿娇、卫子夫、李夫人、钩弋夫人……武帝身边真是美女如云,而且不断地更换。当然,帝王身边总是美女如云的,这在封建社会里是有制度保障的,但是武帝的好色确实有点出格,比如卫子夫本是平阳公主家里的歌女,武帝到平阳公主家去做客,对卫子夫一见钟情,竟当即在更衣的车里与她发生关系,随即把她收入宫中,后来又立为皇后。即使在无人管束的帝王群中,汉武帝的这种作为也未免太出格了。所以白居易说"汉皇重色",一点也没有冤枉汉武帝。这句诗中的"倾国"两字也与汉武帝有关。有一个名叫李延年的歌唱家为汉武帝唱了一首歌:"北方有佳人,绝世而独立。一顾倾人城,再顾倾人国。宁不知倾城与倾国?佳人难再得!"武帝听了,十分倾慕歌中的那个绝代佳人,后来得知李延年有个国色天香的妹妹,就把她纳为嫔妃,就是著名的李夫人。顺便说一句,《长恨歌》后半部分写到方士寻觅杨贵妃的魂魄一事,也与李夫人死后,汉武帝令方士寻觅李夫人的魂魄的传说有关。可见《长恨歌》开头就拈出"汉皇重色思倾国"的句子,绝不是随意写写的。

与汉武帝一样,唐玄宗也是个好色之徒。开元年间,唐玄宗曾派出使者四处寻找美女,充实后宫,号称"花鸟使"。当时的集贤院校理吕向特地献《美人赋》对此进行讽谏。在唐玄宗众多的后宫嫔妃中，他曾宠幸赵丽妃、皇甫德仪与刘才人等，后来又专宠武惠妃。直到开元二十五年（737）武惠妃死后，唐玄宗才移情别恋。有意思的是，唐玄宗的新宠不是别人，正是武惠妃亲自为她与唐玄宗的亲生儿子寿王选定的妃子杨玉环。根据史书的记载，以及后代历史学家的反复考证，我们可以排出有关史实的年代表：

开元二十三年（735），唐玄宗的女儿咸阳公主在洛阳举行婚礼，杨玉环也应邀参加。寿王李瑁在婚礼上见到杨玉环，一见钟情。事后武惠妃亲自向唐玄宗提出来，要纳杨玉环为寿王妃。不难想象，武惠妃所以会提出这个建议，多半是因为爱子寿王李瑁看中了杨玉环，于是出面为儿子说话。

开元二十三年十二月二十四日，也就是寿王李瑁见到杨玉环的那年的年底，唐玄宗册封杨玉环为寿王妃，当时杨玉环只有17岁。

两年之后，也就是开元二十五年十二月七日，年方39岁的武惠妃突然去世。武惠妃生前万万没有想到的是，她亲自为爱子寿王选定的妃子杨玉环，日后竟成了夫君唐玄宗的新宠，而且得到的宠爱比她本人有过之而无不及。武惠妃其人，相貌很美，又多心计，唐玄宗对她非常宠爱，本想封她为皇后，因大臣反对而没封成，但宫中对武惠妃的礼节等同于皇后。武惠妃去世以后，唐玄宗终日闷闷不乐。宫中虽然还有许多美女，但她们在唐玄宗眼中没有一个是中意的。于是，不该发生的事情发生了，唐玄宗终于看中了自己的儿媳妇。公公看上儿媳，还把她占为己有，这当然是见不得人的丑事。所以两《唐书》等正史对这个过程讳莫如深，千方百计地予以掩盖。陈鸿的《长恨歌传》是野史，才详细地记述了这个过程：那年十月，玄宗驾幸华清宫。因为华清宫里有温泉，所以每年十月天气寒冷后唐玄宗常前去避寒。宫内宫外的贵妇都跟随前往，作为寿王妃的杨玉环当然也不例外。《长恨歌传》对唐玄宗邂逅杨玉环的经历描写得非常生动："上心油然，若有顾遇。左右前后，粉色如土。"大意是：唐玄宗忽然眼前一亮，他在人群中仿佛看到了一个绝代美女的身影，但是转眼就不见了。再看看身边的那些浓妆艳抹的贵妇，都像泥土一样毫无光彩。于是唐玄宗命太监高力士暗中搜索外宫，终于从寿王官邸中找到了杨玉环这位绝代美女，并设法把她送入皇宫。这件事情发生在何年何月？史书中没有明确的记载，但是后代学者议论纷纷。从宋人张俞到清人朱彝尊，都说杨玉环尚未结束成为寿王妃的全部仪式，就被唐玄宗看中而进入道院了，也就是说杨玉环与寿王并未真正成为夫妇，这显然是想为唐玄宗开脱。陈寅恪先生已在《元白诗笺证稿》

这本书中用严密的考证驳倒了上述说法。

根据陈寅恪的研究，我们知道唐玄宗在开元二十八年（740）十月命杨玉环度为女道士，道号太真。到天宝四载（745）八月，唐玄宗就册封杨玉环为贵妃，同年为寿王另立韦氏女为妃。也就是把寿王妃杨玉环占为己有，再给寿王另外选配一个妃子。至于杨玉环进入皇宫的准确时间，当然就在740年到745年的五年之间，但已经无法详考了。杨玉环被册封为寿王妃是在开元二十三年（735），她被唐玄宗看中并送进道院是在开元二十八年。时隔五年，无论当时册封一个王妃的仪式有多么繁复，她也不可能在五年后还没有结束那些仪式，不可能到了740年还没有与寿王成为真正的夫妻。所以朱彝尊等人煞费苦心地要想证明的所谓"杨贵妃以处女身份入宫"的说法是不能成立的，唐玄宗霸占儿媳妇的罪名是无法逃避的。

《长恨歌》对某些史实的回避

《长恨歌》里是怎样叙述唐玄宗与杨贵妃结合的过程的？请大家注意下面几句："杨家有女初长成，养在深闺人未识。天生丽质难自弃，一朝选在君王侧。"就是说杨玉环一直生长在杨家的深宅大院里，外人根本不认识她。但是天生丽质的她是无法自我抛弃的，也就是她的绝代美貌一定要体现其价值的，后来终于被皇帝选中了，并且进宫去陪伴在皇帝身边了。在帝制时代，一个美女如何体现其价值呢？最理想的结果当然是得到皇帝的宠爱。我们看汉代的王昭君，她的绝代美貌没有及时被汉元帝发现，后来远嫁匈奴，死于异国他乡。千古的诗人都为王昭君鸣冤抱屈，除了同情她远嫁荒远的异国之外，诗人们最大的同情就是她空有绝代美貌却没有得到汉元帝的赏识。而杨玉环就不同了，她的美貌终于没有被埋没，她被发现了，她被皇帝选中了，她被接到宫中去陪伴在皇帝身边了。

当然，我们已经说过，事实并不是这样的。白居易这样写只是"为尊者讳"而已。"为尊者讳"是帝制时代的一个言论准则，就是社会地位或家族地位高的人如果有什么不正当的行为，人们在言论中应该予以回避。我不想在这里讨论这种准则的是非，我只想说这是当时在社会上占主导地位的一种言论规则。即使是杜甫那样的伟大诗人，他的批判矛头指向皇帝时也总要有所保留的，不能锋芒毕露。况且唐玄宗把已经成为寿王妃的杨玉环占为己有，无疑是一种有违天理人伦的不正当行为，作为唐朝臣子的白居易，是不可能在《长恨歌》这样的叙事长诗中直接予以揭露的。这种具有乱伦性质的宫闱丑闻,古代的诗人即使有所讥刺,也必然要隐约其辞,因为直白地说出来实在太难听了。《诗经·鄘风》中有一首《墙有茨》,它的首章是:"墙有茨,不可扫也。中冓之言,不可道也。所可道也,言之丑也。""冓"是木材交积的意思,"中冓"就是内室。这首诗是说卫国的宫廷里发生了乱伦的丑闻,诗人有心要予以讽刺,但又觉得那些丑事实在是不堪入耳,于是他叹息说:"墙头上长了有刺的蒺藜,没法去扫呀。宫中的丑闻,没法去说呀。要是说它的话,那些话就太难听啦!"的确,如果要把这种丑闻直截了当地说出来,那么多半会像《红楼梦》中的焦大所骂出口的那几句著名的话。问题是焦大的话虽然有根有据,也言之成理,但毕竟很难听,更不太文雅,写进小说自然无妨,要是写到诗歌里就有伤大雅了。所以,诗人即使有心揭露这种丑闻,也一定会用比较隐蔽的话语方式。作为对比,我们不妨看看唐代其他诗人的写法。

唐代诗人写到李、杨故事的作品相当多,有的诗人也对唐玄宗或杨贵妃进行了一定的批判,比如晚唐的罗隐有一首《帝幸蜀》:"马嵬山色翠依依,又见銮舆幸蜀归。泉下阿蛮应有语,这回休更怨杨妃。""阿蛮"指谢阿蛮,是杨贵妃生前十分喜欢的一位女伶。罗隐此诗是针对晚唐的僖宗皇帝为避黄巢之乱而西奔入蜀之事,他的意思是:唐僖宗并没有宠幸杨贵妃那样的绝代美女啊,为什么也会西奔入蜀,导致大唐的皇帝又一次从蜀地回来路经马嵬坡呢?所以地下的谢阿蛮一定会说:从前安史之乱时唐玄宗奔蜀途经马嵬坡,人们都把责任推到杨贵妃身上。这下总不能再怪杨贵妃了吧?不怪杨贵妃,那怪谁呢?当然怪唐玄宗啦。当然罗隐并没有直接说出这层意思,但字里行间的讽刺之意是不难体会的。但是罗隐并不总是这样头脑清楚地反对"女色亡国论"的,他在《马嵬坡》一诗中曾讥讽杨贵妃说:"佛屋前头野草春,贵妃轻骨此为尘。从来绝色知难得,不破中原未是人。"意思是杨贵妃真是一个难得的绝代美女啊,她竟然把整个中原都破坏了!这就把安史之乱的责任推到杨贵妃头上了。不管是把安史之乱的责任归结于唐玄宗还是杨贵妃,向来口无遮拦的罗隐也没有涉及杨贵妃曾为寿王妃的事情。这分明是由于那件事属于"中冓之言"的性质,是说不出口的。

唐代对皇家丑闻最不留情的诗人要算是李商隐了,只有他的诗中曾经涉及此事,但也是说得隐隐约约的。请看李商隐的《龙池》:"龙池赐酒敞云屏,羯鼓声高众乐停。夜半宴归宫漏永,薛王沉醉寿王醒。""龙池"是唐玄宗没有登基前的住宅里的一个水池,就在后来的兴庆宫中。这首诗说唐玄宗在兴庆宫中大摆宴席,云母屏风敞开着,言下之意是杨贵妃也没有躲在屏风后面回避众宾客。唐玄宗兴奋地亲自敲起羯鼓,其他乐人都停下手中的乐器听他演奏。这场宴会直到半夜才结束,参加宴会的贵宾都喝得酩酊大醉,只有寿王李瑁依然清醒着。为什么众人皆醉而寿王独醒呢?李商隐一字不提。但后人都把此诗解读成对唐玄宗霸占杨妃之事的讥讽,因为寿王本是杨玉环的丈夫,如今眼看着妻子成了父皇的爱妃。当寿王出席宫廷的盛大宴会,亲眼看到杨玉环坐在唐玄宗的身边,他的心中会有什么样的感受呢?诗人没有直说,只写到"薛王沉醉寿王醒"一句就戛然而止。"薛王"是唐玄宗的弟弟李业,据说唐玄宗对兄弟十分友爱,曾专门修建了一座"花萼楼"与弟兄们同住,还曾缝制一条大被子与弟兄们同床而眠。所以薛王参加宴会当然会兴高采烈,于是喝得酩酊大醉。薛王的沉醉衬托出寿王的"醒"是一种不正常的状态:父皇赐宴,嘉宾们都尽兴而归,寿王为何独自闷闷不乐?汉人刘向在《说苑》中说得好:"今有满堂饮酒者,有一人独索然向隅而泣,则一堂之人皆不乐矣。"寿王为什么要在父皇举行的宴席上扫大家的兴?李商隐的高明就在于,他的讥刺之意昭然若揭,却偏偏一字不提,完全留给读者去体会,去思考。因为答案其实是再明显不过的,是不言而喻的。李商隐这样写,当然也有艺术上的原因,因为正像后人所评论的,"讽而不露,所谓蕴藉也"(张谦宜《茧斋诗谈》)。这种源于《诗经》的含蓄委婉的艺术手法,是历代诗人所崇尚的,李商隐当然不会例外。除此之外,"为尊者讳"的道德顾忌和避免直言贾祸的自我保护心理也是重要原因。李商隐这首《龙池》的唯一主题就是讽刺唐玄宗,尚且不能直言无忌;白居易的《长恨歌》具有多重的主题,讽刺并不是它的唯一主题,当然就更不能直言无忌了。

由于《长恨歌》具有多重主题,除了对唐玄宗宠爱杨贵妃而导致安史之乱的批判之外,它肯定也有对李、杨两人忠于爱情的歌颂,所以它必须回避唐玄宗与杨贵妃原为公公与儿媳的这个史实。否则的话,就像一块白璧上留着很大的一个瑕疵,未免煞风景。白居易用"杨家有女初长成,养在深闺人未识"几句一笔带过,是用意很深的一种构思,也是相当高明的艺术虚构。

《长恨歌》中的细节虚构

我们先来看《长恨歌》中引起后人议论的两个细节。

一是玄宗奔蜀,是否路经峨眉山?

《长恨歌》里说得很明确:"峨嵋山下少人行,旌旗无光日色薄。"然而事实上当年唐玄宗入蜀,是从所谓的蜀道走的,也就是从长安到成都,途中经过秦岭的那条山路,并未经过峨眉山。李白写过《蜀道难》,大笔濡染地用鸟瞰的方式描绘了蜀道的全貌。杜甫写过《发秦州》和《发同谷》两组诗,一共二十四首,细致入微地描绘了他亲身经历的蜀道山水。这些诗中几曾写到过峨眉山?北宋的沈括在他的《梦溪笔谈》(卷23)中指出:"白乐天《长恨歌》云:'峨嵋山下少人行,旌旗无光日色薄。'峨嵋在嘉州,与幸蜀路全无交涉。"比沈括年代稍晚的范温干脆主张把《长恨歌》中的"峨嵋山"改成"剑门山"(见《潜溪诗眼》)。沈括是我国历史上著名的科学家,《梦溪笔谈》则是著名的科学著作(这本书也有一部分内容与文学有关),科学家写科学著作,当然要追求实事求是,所以他指出峨眉山的地理位置是在嘉州,嘉州就是现在的乐山市,位于成都的西南方。唐玄宗既然是从东北方的长安出发,朝着西南逃往成都,当然不需要路过嘉州。而且唐玄宗奔蜀的过程在史书中记载得一清二楚,哪有经过峨眉山的记录?

从事实上说,沈括的见解当然是无懈可击的,他对《长恨歌》的批评是一针见血、击中要害的。但是沈括的主要身份是个科学家,用今天的学科分类来说,他是属于理工科的学者。理工科的学者一旦来评论文学作品,尤其是评论诗歌作品，如果他们不转换眼光的话，他们的说法往往会产生问题。因为文学作品不是科学著作，它是允许虚构和想象的。诗歌尤其如此。如果诗人写诗也像科学家写论文那样丁是丁，卯是卯，完全符合事实和逻辑，那么许多好诗都不复存在了。唐玄宗奔蜀虽然没有经过峨眉山，但是峨眉山是四川最有名的大山，它完全有资格成为"蜀山"的代称。所以白居易所说的峨眉山，其实不过是代指唐玄宗入蜀经过的无数蜀山罢了。那么，范温主张用"剑门山"来取代峨眉山，这个主意可取吗？表面上看，这好像是个好点子。因为剑门山也是蜀中名山，而且它就在唐玄宗入蜀的那条路线上，《长恨歌》里排在"峨嵋山下少人行"前面的一句就是"云栈萦纡登剑阁"，"剑阁"不就是剑门山上的剑门关吗？可是仔细追究，范温的主张也是不可取的。因为剑门山虽然有名，但毕竟比不上峨眉山。用峨眉山来代指蜀中名山，当然会成为诗人的首选。更重要的是，峨眉山本是一座风景秀丽的大山，它怎么会获得峨眉山这个名称的呢？让我们看看《元和郡县图志》中是怎样说的："峨眉大山，在县西七里。……两山相对，望之如蛾眉，故名。"也就是说峨眉山的形状很像美女的两道弯弯的眉毛，所以被称作"峨眉山"。《元和郡县图志》就是白居易那个时代的地理著作，白居易对它当然是非常熟悉的。

既然《长恨歌》是一首咏叹爱情故事的长诗，既然《长恨歌》中写到了杨贵妃的"宛转蛾眉"，那么，白居易用"峨嵋山"而不是"剑门山"来指代蜀中名山，也就是顺理成章的事情了。

二是唐玄宗回到长安后，他的生活环境到底如何？

《长恨歌》中细致地描写了玄宗回到长安后的生活情况，有"夕殿萤飞思悄然，孤灯挑尽未成眠"之类的句子。这些描写是否合于事实？北宋的学者最爱发议论，他们对《长恨歌》的议论也最引人注意。北宋著名理学家邵雍的孙子邵博说："宁有兴庆宫中，夜不烧蜡油，明皇帝自挑灯者乎？书生之见可笑耳。"（《邵氏闻见后录》卷19）的确，唐宋时代凡是富贵人家，晚上都是点蜡烛来照明，只有穷人才点油灯，因为蜡烛奢费而油灯节俭。虽然唐玄宗返回长安后已经不是皇帝，虽然此时的唐玄宗受到唐肃宗的猜忌且被软禁起来，但是他的身份毕竟还是太上皇，他毕竟仍然居住在皇宫里，无论是在兴庆宫（就是《长恨歌》里所说的"南内"），还是在太极宫（就是《长恨歌》里所说的"西宫"），唐玄宗都不可能生活得太寒碜，他的居室中不可能不点蜡烛而点油灯，也不可能没有太监、宫女侍候在旁，而需要他自己爬起身来挑灯。但这是白居易的疏忽吗？非也！白居易所以要这样写，当然是为了渲染晚年唐玄宗心境的孤寂凄凉。假如他写成兴庆宫里明烛高照,宫娥簇拥,那种气氛还能衬托唐玄宗的孤苦心情吗?也就是说,在这种地方,历史的真实必须让位于艺术的真实,因为在一首好诗中,艺术的真实才是更高级的存在。邵博讥笑白居易"书生之见可笑耳",我觉得把这句话回赠给邵博自己,倒是十分贴切的。

"夜半私语"发生在何时何地?

"七月七日长生殿,夜半无人私语时。"《长恨歌》结尾的这两句诗引得后人议论纷纷,争论的关键有两点:一是"七月七日"这个时间,二是"长生殿"这个地点,这两点又是互相关联的。我们先看第二点。"长生殿"究竟在哪里?历来众说纷纭,但较多的人认为是在骊山的华清宫内。那么长生殿是一个什么性质的建筑呢?一般认为是祭祀神灵的斋宫,这样说来,长生殿当然是一个庄严肃穆的场所,所以有人质疑说,长生殿又不是一座寝宫,唐玄宗和杨贵妃不可能半夜三更的在长生殿里谈情说爱。与此有关的质疑是,长生殿既然位于骊山,而唐玄宗一般只在严寒的冬季才到骊山去避寒,而七月七日正当盛夏,唐玄宗就不可能在那个时辰带着杨贵妃跑到骊山去夜半私语。当然也有许多学者提出异议，众说纷纭，争论不休。

总的看来，上述说法提出质疑的根据都是历史事实。如果我们换一个角度，改从文学的角度来思考，就会得出不同的观点。男女之间的爱情盟誓不像国家之间的条约，只要签订一次就完事了。男女之间谈情说爱总是絮絮叨叨、反反复复、永不厌烦的。试想唐玄宗与杨贵妃既然情真意切，他们之间当然随时随地都可能在海誓山盟，不一定只在某时某地发生过一次盟誓吧。况且男女之间的窃窃私语当然是避开他人的，即使是皇帝和后妃之间的盟誓也不会叫上一个史官来做记录。所以《长恨歌》里"七月七日长生殿"这两句话本来就是出于虚构，是出于白居易的想象。我们不应该追问"七月七日长生殿"是否合于史实，而应该追问这种写法是否合于情理。

七月七日是什么日子呢？现代人已经不过"七夕"这个节日了，可能对它有点陌生。古代可不一样。古人非常重视"七夕"这个节日，民间传说那是天上的牛郎、织女渡过鹊桥相会的日子。民间的女子都在那个夜晚焚香祈祷，向织女乞求灵巧，其实多半也在暗暗祈求爱情。要是古人也像今人一样思想开放的话，早就把七夕定为"情人节"了。《长恨歌传》里也明确记载着杨贵妃在蓬莱山上对临邛道士的一番话:"秋七月,牵牛织女相见之夕,秦人风俗,是夜张锦绣,陈饮食,树瓜华,焚香于庭,号为乞巧。宫掖间尤尚之。时夜殆半,休侍卫于东西厢,独侍上。上凭肩而立,因仰天感牛女事,密相誓心,愿世世为夫妇。"《长恨歌传》是《长恨歌》的姐妹篇,《传》里的内容当然也是白居易所熟知而且认同的。所以,白居易把唐玄宗与杨贵妃两人的海誓山盟安排在七月七日的半夜时分,实在是一个最佳的选择。因为除了七月七日之外,一年三百六十五日中的任何其他日子都不如这个夜晚更富有爱情的浪漫气息。

出于同样的道理,白居易选择"长生殿"作为李、杨密誓的场所也是合理的。关于"长生殿"的具体地点和功用虽然众说纷纭,但是至少有一种说法认为它是唐代帝王的寝宫。当然唐玄宗不会只有一座寝宫,那么白居易为什么不选择其他更可靠的寝宫呢?晚唐诗人郑嵎写过一首长诗《津阳门诗》,诗中有非常详细的注释,其中有一条注释说到了这个问题:"飞霜殿即寝殿,而白傅《长恨歌》以长生殿为寝殿,殊误矣。""白傅"就是白居易,因为他官至"太子少傅"。郑嵎所说的也许更加合于史实,华清宫里确实有一座寝宫名叫飞霜殿,当年唐玄宗与杨贵妃的半夜私语多半是在飞霜殿里进行的。问题是假如白居易把"七月七日长生殿"改成"七月七日飞霜殿",结果又会如何呢?"长生"就是长生不老的意思,就是生命长久,直至永恒。唐玄宗与杨贵妃山盟海誓的内容就是祈求世世代代都做夫妇,把双方的爱情维持到永远。显然,天长地久永远存在的生命与地老天荒永不变心的爱情是具有同一性的。也就是说,李、杨两人在"长生殿"里祈求天长地久的爱情,正是一个合适的场所。如果改成"飞霜殿",那就索然寡味了。"飞霜"自身就是冷冰冰的物体,不会让人联想到温馨的爱情。况且飞霜一见太阳就会消融,哪能使人产生爱情天长地久的联想?所以,"七月七日长生殿,夜半无人私语时"这两句诗尽管在历史学家看来不够严谨,但对于文学作品的读者来说,它们实在是神来之笔。正因为《长恨歌》中充满着这种神来之笔,它才成为不朽的诗歌作品。

讲到这里,读者朋友也许会追问:那么《长恨歌》的内容到底是"几实几虚"呢?是的,我并没有回答《长恨歌》到底是几实几虚,因为它毕竟是一首诗歌,而不是《三国演义》那样的史传小说,所以《长恨歌》里有很多的虚构,比如全诗后半部分的主要内容,即临邛道士前往蓬莱仙山寻找杨贵妃的情节,当然都是出于子虚乌有的传说。如果一定要分析《长恨歌》的几实几虚,恐怕只能说是三实七虚,甚至是二实八虚了。如果是一篇历史小说,"三实七虚"恐怕会遭到较多的非议,因为那样就接近当今盛行于影视界的所谓"戏说"了。但是诗歌与历史小说不同,诗歌本来能包容较多的想象和虚构。所以我觉得我们没有必要追问《长恨歌》到底是几实几虚,而应该追问它的大量虚构是否合于情理,是否有利于构成一篇美丽的爱情诗。换句话说,《长恨歌》是否成功地表现了它的主题。

《长恨歌》的多重主题

上面我们把《长恨歌》与历史事实的关系作了一番清理,说明《长恨歌》里存在较多的虚构是为了更好地表现它的主题。现在我们就来讨论一下,《长恨歌》的主题到底是什么?

假如哪个学术刊物的主编让我写一篇论文来谈论《长恨歌》的主题,或让我参加关于《长恨歌》主题的笔谈,打死我,我也不干。为什么?因为这个问题太复杂了,或者说这个问题被学者们弄得太复杂了,简直是公说公有理,婆说婆有理,谁也说服不了谁,恐怕还要永远争论下去。我不想加入这样的混战。我年轻时曾经关心过这个问题,看了很多论文和著作,弄得头昏眼花。要是现在把那么多的说法都介绍给大家，肯定会让朋友们也头昏眼花，我不想让大家受这个罪，所以只挑最主要的几种说法做些介绍。要是哪位朋友不怕头昏眼花，一定想了解各种说法的详细情况的话，就请他去读周相录的专著《〈长恨歌〉研究》，或是张中宇的专著《白居易〈长恨歌〉研究》。

一千多年以来，人们对这个问题争论不休，时至今日，学者们至少可分成"爱情主题"、"讽谕主题"、"感伤主题"这三大派，每一个大流派中又可分出若干个支派。此外还有影响较小的一个流派是所谓的"隐事主题派"，也就是说白居易在《长恨歌》中隐藏了某些不为人知的秘密。

现代的文艺颁奖大会上，颁奖的次序都是从最低的三等奖颁起，最后才颁发一等奖。我们也采取同样的做法，先从最不重要的一派说起，那就是"隐事主题派"。"隐事主题派"的代表人物是著名的学者俞平伯先生。俞平伯先生是研究《红楼梦》的专家，他的《红楼梦》研究被称为"考证派"，从而区别于蔡元培等先生的"索隐派"。但是对虚构的文学作品的"考证"一旦走进牛角尖，与"索隐"也就是五十步与百步的区别了，所以俞平伯本人也承认他与"索隐派"所运用的方法是非常相似的。俞平伯对《长恨歌》的研究，恰恰用的是"索隐"的方法。他认为《长恨歌》里包藏着一个天大的秘密，就是马嵬坡事变时被处死的只是杨贵妃的替身，真正的杨贵妃则在唐玄宗及高力士等人的包庇下偷偷地逃走了，此后流落民间，还沦落成一个妓女，所以安史之乱平定以后也不能再与唐玄宗相见。

俞平伯先生这样说，有什么根据呢？从表面上看，他的根据还真不少。但是仔细推敲，那些根据都不能成立，他的分析也大多是捕风捉影。

比如说《长恨歌》里写唐玄宗从四川回长安，路经马嵬坡的情景是："天旋日转回龙驭，到此踌躇不能去。马嵬坡下泥土中，不见玉颜空死处。"俞平伯认为：如果这只是写唐玄宗在马嵬坡凭吊杨贵妃，只能说"马嵬坡下不见玉颜"，现在却说泥土中不见玉颜，俞平伯因而追问："可怪孰甚焉？"意思是还有比这更可奇怪的吗？俞平伯的言下之意是，唐玄宗命人挖开泥土也不见尸骨，所以杨贵妃肯定没有死在马嵬坡、葬在马嵬坡。其实，只要不以胶柱鼓瑟的态度来钻牛角尖，"马嵬坡下泥土中，不见玉颜空死处"两句并没有什么可以奇怪的。马嵬坡本是一处荒郊野地，又是在兵荒马乱的年代，当然是一片泥土而已。杨贵妃早已不在人间，当然是"不见玉颜"，要是还能见到玉颜那就是白日见鬼了。"空死处"三字无非是说只留下了杨贵妃死去的地方而已，这个"空"字是"只有"、"仅有"的意思，而不是"空虚"的意思。李白的《江上吟》中有这样两句：

"屈平词赋悬日月，楚王台榭空山丘。"不是说山丘一无所有，而是说楚王的台榭已不见踪影，只剩下山丘而已。所以俞平伯的解析真是一种"过度阐释"，这样解读文本，得出来的结论难免会穿凿附会。

除此之外，俞平伯还提出了其他的证据和论证，其穿凿附会的程度大同小异。当然民间也有类似的传说，不但中国有，连我们的邻国日本也有。最迟在江户时代（17世纪到19世纪中叶），日本就有杨贵妃在马嵬坡事变后逃到日本的传说。相传杨贵妃在日本遣唐使的帮助下顺利东渡，漂泊到山口县大津郡油谷町的久津湾，不久后去世，当地人把她安葬在一个往西能望到大海的地方，让她能遥望故国。那个地方现在叫作"唐渡口"，这个地名可能就是从杨贵妃东渡的传说而来的，那里至今还保存着一座杨贵妃墓。相传杨贵妃还在日本留下了后人，还说著名的日本女演员山口百惠就是杨贵妃的后裔，怪不得日本会有那么漂亮的女演员呢！但是传说仅仅是传说，它既不是历史事实，也与白居易的《长恨歌》没有什么关系。既然我们不是在讨论有关杨贵妃的传说，而是谈论白居易的《长恨歌》，就应该暂时撇开这些传说。所以，对所谓的"隐事主题派"，我们就不作详细介绍了。

感伤乎？讽谕乎？

从时间的先后来说，"感伤主题"和"讽谕主题"的说法产生都很早，准确地说，它们在白居易刚写完《长恨歌》后就随即产生了。证据就是陈鸿的《长恨歌传》，这篇文章中对白居易写作《长恨歌》的旨意有这样的理解："意者不但感其事，亦欲惩尤物，窒乱阶，垂于将来者也。"请大家注意，陈鸿的话里把"感其事"放在首要位置，所谓感其事就是受到李、杨故事的感动而产生了写诗的冲动，这与后人所说的"感伤主题"相当接近。而后面的"亦欲惩尤物，窒乱阶，垂于将来"几句话，意思是要以杨贵妃这样的"尤物"为惩戒，来堵塞导致动乱的根源，为后代提供教训，这显然与后人所说的"讽谕主题"基本一致。

那么，白居易本人又是持什么看法呢？在白居易写作《长恨歌》九年以后，他把自己的诗歌作品分成四大类：讽谕类、闲适类、感伤类、杂律诗。在这次分类中，白居易明确地把《长恨歌》归为"感伤诗"而不是"讽谕诗"，这与陈鸿所说的"感其事"是一致的。此外，白居易也认同陈鸿的《长恨歌传》中的说法，所以他也认同《长恨歌》中包含有讽谕的因素。

什么叫"感伤诗"？陈鸿的说法比较简单，就是"感其事"而作的诗。白居易则在著名的《与元九书》中说是"又有事物牵于外，情理动于内，随感遇而形于叹咏者"。这两种说法的内涵基本相同，不过是繁本和简本的区别而已。如此看来，所谓"感伤诗"就是诗人受到某种外在事物的感动，从而作诗咏叹。白居易和陈鸿两人都这样说，当然是有道理的。但是把"感伤"作为一种主题的话，其内涵毕竟过于宽泛，因为只要是抒写真情实感的好诗，几乎全都是诗人受到外在事物的感动后才写出来的。感伤诗是这样，好的讽谕诗又何独不然？难道白居易写《新乐府》时没有受到外在事物的感动？要不是亲眼看见那位卖炭老人的不幸遭遇从而受到感动，白居易怎能写出《卖炭翁》来？到了现代，也有不少学者认为《长恨歌》的主题是感伤。但是感伤的具体内涵是什么？或者说诗人为什么而感伤？则众说纷纭。有人说是因为唐玄宗这位曾经开创了开元盛世的皇帝最后落得如此下场，有人说是因为李、杨两人的爱情不能长久，有人说是因为人们不能主宰自己的命运，有人说是因为包括爱情在内的美好事物不能持久，还有人说是因为人生充满着不幸和创痛……越说越抽象，也越说越玄乎。怎么会这样的呢？就是因为感伤主题的含义具有不确定性，它的外延过于宽泛，它的内涵比较模糊，说到后来，简直是离题万里，几乎与《长恨歌》的内容没有多大关系，成了阐释上的"跑野马"，我们就不再多说它了。

什么叫"讽谕诗"？白居易本人的说法是很明确的，他在《与元九书》中说："自拾遗来，凡所遇、所感，关于美刺兴比者，又自武德讫元和，因事立题，题为《新乐府》者，共一百五十首，谓之讽谕诗。"白居易的意思很明确，他所认可的讽谕诗主要指《新乐府》《秦中吟》一类诗歌而言。也就是说，依照白居易本人对讽谕诗的严格定义，《长恨歌》是不属于此类主题的。但是刚才说过，陈鸿的《长恨歌传》中说《长恨歌》具有"惩尤物，窒乱阶，垂于将来者"的性质，而白居易又认同这种说法，所以白居易本人的态度是矛盾的，或者说白居易也认可《长恨歌》具有"讽谕诗"的一些性质，只是不像《新乐府》那样突出、那样鲜明而已。

那么，《长恨歌》中的讽谕主题到底有哪些具体的表现呢？我想这才是最重要的事情，下面就从这个角度来对《长恨歌》作一些分析。说《长恨歌》具有讽谕意义，大家都不会反对，因为有些句子的讽谕性质是很明显的。《长恨歌》一开头就说："汉皇重色思倾国，御宇多年求不得。"这不是讽谕是什么？"重色"本来就是一个贬义词，用到君主身上更是严厉的批评。一个贤明的君主，当然应该重视贤才。周文王求贤若渴,到处寻访贤才,终于在磻溪边上发现了正在垂钓的姜太公。燕昭王也是求贤若渴,特地建了一座黄金台来招募贤才,终于招来了乐毅等杰出人才。这才是贤明的君主。但是唐玄宗"御宇多年",也就是统治天下多年,竟然不求贤才,反而一心寻求倾国倾城的美女,这样说不是批评、讽刺,又是什么?

等到唐玄宗终于得到了杨贵妃,从此沉迷于声色的享受,竟然"春宵苦短日高起,从此君王不早朝",这就更加不像话了。大家想想,即使是我们普通百姓,难道能这样做吗?假如一个工人,或是一个教师,他有幸娶了一个相貌美丽的妻子,两人恩恩爱爱,"从此工人不上班",或者"从此教师不上课",那能行吗?当然不行,要是你这样做了,肯定会遭到严厉的批评,说不定会被工厂、学校炒鱿鱼了。唐玄宗是皇帝,负有统治国家的重任,怎么可以"从此君王不早朝"呢?怎么可以从此不理朝政、不管国事呢?这样做必然会导致天下大乱啊!当然皇帝握有至高无上的权力,没人能炒他的鱿鱼,但是唐玄宗沉溺于声色的享受,不理朝政,终于酿成了安史之乱的大祸,本人也被赶下了皇帝的宝座,实际上也等于被炒鱿鱼了。所以这两句也是明显的讽刺。

再看下面,"姊妹弟兄皆列土,可怜光彩生门户。遂令天下父母心，不重生男重生女"，这是说杨贵妃得宠以后，一人得道，鸡犬升天，她的全家都得到封赏。"列土"，就是"列土分茅"，古代的天子分封诸侯，用白茅裹着社坛上的泥土授给被封的人，象征着授予他土地和权力。杨玉环被封为贵妃时，她的父亲杨玄琰已经去世，唐玄宗就追封他为太尉、齐国公。她的三个姐姐分别被封为韩国夫人、虢国夫人和秦国夫人。她的叔父杨玄珪，堂兄杨铦、杨锜、杨钊都被封为大官，这个杨钊就是臭名昭著的杨国忠，不久后还爬上了宰相的宝座。这样一来，杨家当然成为最最显赫的皇亲国戚。本来在帝制时代，人们都希望生男孩而不愿生女孩，因为男孩才有机会建功立业、光宗耀祖，而女孩是没有这种机会的。但是杨家因生了一个杨玉环而全家富贵，于是普天下的父母都希望生女孩而不愿生男孩了！也许现代的女权主义者会认为这没什么不好，男女本来应该平等，天下父母都重视女孩有什么不好？可是杨玉环因美色而得宠，她的家人又因裙带关系而身居高位，这毕竟不是正大光明的事情，而且这对国家、人民有什么好处呢？后来杨氏姐妹的骄奢淫逸、杨国忠的弄权误国，直接成为导致安史之乱的因素，说明这只会给国家带来灾难。在帝制时代，皇帝的好恶直接影响着人民的价值观。如果普天下的父母都希望生出美貌的女儿来攀龙附凤，那就更不是什么好事了!

对于唐玄宗因宠爱杨贵妃而不理朝政,最后导致安史之乱的灾难,《长恨歌》中也没有回避。"缓歌慢舞凝丝竹,尽日君王看不足。渔阳鼙鼓动地来,惊破《霓裳羽衣曲》。"正当唐玄宗沉浸在声色享受中的时候,安史叛军已经惊天动地地打过来了!后面两句诗在艺术上非常高明,因为内容上如此大幅度的转折,却只说一种声响打断了另一种声响,过渡得极其自然。但是更值得注意的是,白居易把《霓裳羽衣曲》与"渔阳鼙鼓"写在一联诗里,正是强调两者之间的因果关系。要不是唐玄宗沉溺于声色享受,整天听歌观舞不理朝政,怎会让安史叛军势如破竹,从河北一直打进潼关?这不是讽谕又是什么?

即使是被后人认为反映了唐玄宗爱情专一的那些句子,像"后宫佳丽三千人,三千宠爱在一身",也未必没有讽谕的意义在里面。"三千宠爱在一身",对于杨贵妃当然是求之不得的好事情,但对于那些被冷落的"三千佳丽"又如何呢?白居易本人就写到过其中的一个,就是《上阳白发人》中所描写的那位宫人。她也是天生丽质,16岁就被选入皇宫。可是此时杨贵妃已经得宠,于是"未容君王得见面,已被杨妃遥侧目",唐玄宗还没来得及见她一面,杨贵妃已经对她侧目而视了!接下来合乎逻辑的结果就是"妒令潜配上阳宫,一生遂向空房宿"。她从此被打入冷宫,在那暗无天日的深宫里一关就是四五十年。直到满头白发,还被禁闭在上阳宫里。她的青春、她的生命,全都埋葬在那见不得人的阴森森的冷宫里。这难道不是惨绝人寰的悲剧吗?白居易写《上阳白发人》的时间比《长恨歌》只晚三年,两首诗基本上是同时段的作品。当我们读"三千宠爱在一身"的句子时,当然会联想到上阳宫里的白发宫女。所以总的说来,《长恨歌》里肯定有讽谕的意思,这是胸怀强烈的正义感而且关心国计民生的白居易在吟咏唐玄宗与杨贵妃的故事时一定会产生的想法。不然的话,写《长恨歌》的白居易与写《新乐府》的白居易就不会是同一个人了!

《长恨歌》的第一主题:爱情

尽管"感伤主题"和"讽谕主题"两种说法都有相当的道理,我们还是认为《长恨歌》的第一主题是爱情。也就是说,在《长恨歌》的多重主题中,爱情主题具有最重要的性质。《长恨歌》这个标题中的"恨"字,不是仇恨,也不是怨恨,而是"遗恨"。白居易对唐玄宗和杨贵妃的主题态度不是批判,而是同情。他为李、杨两人的爱情不得善终而抱恨无穷。白居易把这首诗题作《长恨歌》,就表明了他在主观上最想表现的是爱情主题。

我们先来看看《长恨歌》全诗的描写重点。从结构上看,《长恨歌》可以分成四大段:第一段写唐玄宗宠爱杨贵妃的情形,共三十二句。第二段写马嵬坡事变,共十句。第三段写唐玄宗在马嵬事变后对杨妃的思念,共三十二句。第四段写唐玄宗对杨贵妃的寻觅与杨贵妃对唐玄宗的思念,共四十六句(其中最后两句也有人把它们看作诗人自己的慨叹,那就得另分一段。但是一般都把它们归入第四段)。从主题倾向来看,第一段既客观地描写了唐玄宗对杨贵妃的爱情,又夹杂着对唐玄宗好色荒淫以及杨贵妃恃宠骄奢的讽刺,可以说兼有讽谕与爱情的双重主题。第二段写马嵬事变的过程,也是既有对唐玄宗荒淫误国的讽刺,也有对李、杨二人生离死别的同情,也可以说兼有双重主题。第三段与第四段分别叙写唐玄宗与杨贵妃对对方的深切思念,歌颂了两人生死不渝的爱情,基本上属于爱情主题。所以从全诗的篇幅来看,前两段一共四十二句,其中含有较多的讽谕意思,但也含有一些爱情的描写;后两段一共七十八句,主要是抒写爱情的主题。也就是说从全诗篇幅的分配来看,白居易显然更重视爱情主题。我们都知道古典诗歌的篇幅非常珍贵，优秀的诗人大多惜墨如金，要是白居易不重视爱情主题的话，是不会把后两段写得如此洋洋洒洒的。

我们再来看看全诗最用力之处在哪里，或者说全诗写得最出色的部分在哪里。当然，《长恨歌》堪称艺术全璧，全篇都很出色，几乎没有什么败笔。但是相对而言，《长恨歌》里写得最出色的还是后半部分。或者说，《长恨歌》中最能感动读者的内容还是李、杨二人生生死死永无尽头的爱情。帝王多内宠，帝王所宠爱的妃嫔常常会遭到色衰见弃的悲剧命运，几乎是一种历史规律，更是历代的文人墨客吟咏不尽的主题。汉武帝是不用说了，连"金屋藏娇"的皇后陈阿娇尚且被无情地打入冷宫，即使请司马相如写了情文并茂的《长门赋》也没能挽回汉武帝的心。班婕妤曾受到汉成帝的宠爱，后来宠衰，又被赵飞燕所谮，终于供奉太后于长信宫中，相传班婕妤写了一首《怨诗》，成为文学史上著名的宫怨作品。《长恨歌》中的唐玄宗则不同于汉武帝或汉成帝，他一旦爱上了杨贵妃，就非常专一，从此不再左顾右盼，再也没有发生移情别恋的事情。对于一个"后宫佳丽三千人"的帝王来说，要做到这点确实是非常不容易的。在马嵬坡事变以后，唐玄宗与杨贵妃已经天人永隔，但是彼此间的相思之情却绵绵不绝。《长恨歌》中最美丽的诗句,几乎都是咏叹这种刻骨相思的。像"行宫见月伤心色,夜雨闻铃肠断声",像"春风桃李花开日,秋雨梧桐叶落时",形象而生动地烘托了唐玄宗对杨贵妃的思念。返回长安的唐玄宗虽然已经不在皇位,但毕竟还是一位太上皇,难道身边还会缺少美貌的宫女?但是他只是一心思念着杨贵妃,以至于感动了能够召唤亡灵的道士,来帮他寻觅早已不在人间的杨贵妃。

《长恨歌》中的杨贵妃也是一样,她本是上界仙女,偶然来到尘世与唐玄宗结下一段姻缘,姻缘结束后又回到了蓬莱仙山。但是她还是时时思念着唐玄宗,时时思念着昭阳殿里的那段恩爱之情。像"玉容寂寞泪阑干,梨花一枝春带雨",像"含情凝睇谢君王,一别音容两渺茫",像"回头下望人寰处,不见长安见尘雾",这不是思念玄宗、凡心未泯,又是什么!等到临邛道士来到蓬莱山传达唐玄宗的心意,杨贵妃立刻作出积极的回应,不但寄去金钿和金钗作为爱情的信物,而且深情地回忆起当初在长生殿里的海誓山盟。《长恨歌传》里说她还对道士说了这一番话:"由此一念,又不得居此,复堕下界,且结后缘。"也就是说,杨贵妃既然动了凡情,就不能再在仙界居住,将再次降生人间,与唐玄宗缔结后缘。相传神仙是没有情爱的,神仙是不能思凡的,而杨贵妃这位上界仙女却在遭遇了马嵬事变的悲剧后仍然不肯改悔，不但一直珍藏着唐玄宗赠送给她的爱情信物——金钿和金钗，而且一直牢记着长生殿里的爱情盟誓。正因如此，《长恨歌》的最后两句说："天长地久有时尽，此恨绵绵无绝期！"这两句话到底是杨贵妃回忆长生殿的半夜盟誓后所说的，还是诗人自己的感叹？两种解读都能读通，但无论哪种解读，反正这两句诗是全诗的结尾，也是全诗的画龙点睛之笔，是这首长诗命名为《长恨歌》的理由。所谓"长恨"，就是指唐玄宗与杨贵妃的爱情不能天长地久而引起的严重缺憾，是那段回肠荡气的爱情悲剧留下的永久遗恨。所以说，白居易写《长恨歌》，他的着力之处就是刻画唐玄宗与杨贵妃的爱情，以及两人的爱情不得长久而引起的遗恨。也就是说，爱情主题的确是《长恨歌》的主要写作目的。

其实，我们在前面讲过的《长恨歌》中对杨玉环本为寿王妃的史实的有意回避，就是为了不让这个细节影响全诗的爱情主题。请大家想想，如果《长恨歌》中如实地叙述了杨玉环先为寿王妃，再为唐玄宗的爱妃的过程，那么全诗的爱情主题就会受到极大的破坏，因为读者不会同情那种乱伦的畸恋。同样，白居易对杨贵妃的其他负面传说也没有涉及，比如关于杨贵妃与安禄山之间有暧昧关系的传闻，《长恨歌》中就一字未及。也就是说，为了让李、杨的爱情显得比较纯洁、比较值得同情,《长恨歌》对史实或传说等材料作了态度鲜明的取舍,凡是不利于表现爱情主题的材料尽量不予采用,这当然是为了维护爱情主题而做的艺术处理。因为白居易希望展示给读者的李、杨爱情是纯洁的、真挚的,他不能让它蒙上尘垢。

综上所述,《长恨歌》是有多重主题的,但是这些主题并不同样重要,而是有主次之分的。简单地说,爱情是《长恨歌》的第一主题,讽谕是它的第二主题,同时,全诗也有伤感的倾向,所以不妨说它也含有伤感的主题。前面说过,围绕着《长恨歌》的主题有许多争论,学者们基本上可以分成三大派:"爱情主题派"、"讽谕主题派"、"伤感主题派"。照我看来,这三大派应该和平共处,携起手来一起解读《长恨歌》。当然大家还是要按照重要程度排一个次序:"爱情派"排在第一,"讽谕派"排在第二,"伤感派"只好屈居第三。

《长恨歌》的白璧微瑕

作为一个普通的读者,我对《长恨歌》是不无微词的。请允许我利用这个机会说一点我本人的感受。我承认《长恨歌》是一首优美绝伦的爱情颂歌，我也承认它非常感人，但是当我阅读《长恨歌》时，总会联想到其他古诗，特别是古人阅读此诗后有感而发的作品。比如说"行官见月伤心色，夜雨闻铃肠断声"两句，描写唐玄宗奔蜀途中触景生情的情景，相当动人，但是我常常会联想起北宋诗人李觏的一首诗，那首诗的题目就是《读长恨辞》，也就是读了《长恨歌》的读后感，诗是这样写的："蜀道如天夜雨淫，乱铃声里倍沾襟。当时更有军中死，自是君王不动心。"是啊，马嵬事变后唐玄宗继续西逃，蜀道艰难，夜雨潇潇，铃声杂乱，唐玄宗思念杨贵妃，伤心得泪湿衣襟。但是安史之乱爆发后，唐军将士抵抗叛军，不知有多少兵士抛骨疆场，单是潼关一战，就有二十万大军全军覆没。即使是跟随唐玄宗西奔入蜀的军士，也吃尽千辛万苦，甚至牺牲生命。这些军士的遭遇更加悲惨，他们牺牲生命完全是无辜的。但是唐玄宗只为杨贵妃而伤心，对军士的苦难则毫不动心！

再如"七月七日长生殿，夜半无人私语时"前后几句，写杨贵妃回忆当年夜半盟誓，而今却天壤永隔，其情凄婉感人。但是我常常会联想起清代袁枚的《马嵬》，这首诗也只有四句："莫唱当年《长恨歌》，人间亦自有银河。石壕村里夫妻别，泪比长生殿上多。"意思是不要老是歌唱《长恨歌》，从而为李、杨的爱情所感动。要知道人间的普通夫妻之间也有生离死别，他们也像牛郎、织女一样被银河阻隔！是啊，安史之乱给大唐帝国的百姓带来了深重的灾难，不知道有多少人家夫妻离散，就像杜甫在《石壕吏》中所描写的那对老夫妇一样，他们的生离死别难道不比长生殿上海誓山盟的皇帝、贵妃更加凄惨、更加感人！所以说，唐玄宗和杨贵妃的特殊身份和他们在安史之乱前的具体行为，毕竟是《长恨歌》在题材上的一个严重缺憾。尽管白居易的生花妙笔多多少少弥补了这个缺憾，但它毕竟是《长恨歌》这块白璧上的一点瑕疵。当然，《长恨歌》毕竟是一首诗歌，诗歌是允许虚构的，《长恨歌》中的唐玄宗和杨贵妃已经不同于真实的历史人物了。而且有一点瑕疵的白璧仍然是无价之宝，希望朋友们不要因此而轻视它。

最后要补充说明的是，白居易的《长恨歌》在客观上对唐玄宗有所美化，那个荒淫乱政的君王被塑造成情痴情种，从而升华成正面形象了。要是唐玄宗地下有知，真该好好地感谢白居易才对！唐玄宗的七代孙唐宣宗就深深地明白这个道理。唐宣宗登基不久，白居易就去世了。唐宣宗写了一首七言律诗来悼念白居易，诗的后半部分是这样写的："童子解吟《长恨》曲，胡儿能唱《琵琶》篇。文章已满行人耳，一度思卿一怆然！"唐宣宗把《长恨歌》与

《琵琶行》看作白居易的代表作并给予高度肯定，还表示了对白居易的深切怀念。有人说，请看唐宣宗多么开明啊，白居易的《长恨歌》中直斥其七代祖唐玄宗是"汉皇重色思倾国"，他竟然不但赞颂白居易，而且高度肯定他的《长恨歌》！其实，《长恨歌》虽然包含着讽谕的意思，但其基调是歌颂李、杨爱情的。《长恨歌》中的唐玄宗主要是以一个爱情专一、至死不渝的情种形象出现的，这对真实历史人物的唐玄宗来说，无疑是一种拔高，是一种美化。可见唐宣宗确实读懂了《长恨歌》，他对《长恨歌》主题的解读是与我们普通读者相一致的。

附　录

戏题新栽蔷薇

移根易地莫憔悴，野外庭前一种春。
少府无妻春寂寞，花开将尔当夫人。

寄　湘　灵

泪眼凌寒冻不流，每经高处即回头。
遥知别后西楼上，应凭栏干独自愁。

冬至夜怀湘灵

艳质无由见，寒衾不可亲。何堪最长夜，俱作独眠人！

潜　别　离

不得哭，潜别离。不得语，暗相思。
两心之外无人知。
深笼夜锁独栖鸟，利剑春断连理枝。

河水虽浊有清日,乌头虽黑有白时。

唯有潜离与暗别,彼此甘心无后期。

感 情

中庭晒服玩,忽见故乡履。昔赠我者谁?东邻婵娟子。
因思赠时语,特用结终始。永愿如履綦,双行复双止。
自吾谪江郡,漂荡三千里。为感长情人,提携同到此。
今朝一惆怅,反覆看未已。人只履犹双,何曾得相似?
可嗟复可惜,锦表绣为里。况经梅雨来,色黯花草死。

丽人行 杜甫

三月三日天气新,长安水边多丽人。
态浓意远淑且真,肌理细腻骨肉匀。
绣罗衣裳照暮春,蹙金孔雀银麒麟。
头上何所有,翠为㔟叶垂鬓唇。
背后何所见,珠压腰衱稳称身。
就中云幕椒房亲,赐名大国虢与秦。
紫驼之峰出翠釜,水精之盘行素鳞。

犀箸厌饫久未下,鸾刀缕切空纷纶。
黄门飞鞚不动尘,御厨络绎送八珍。
箫管哀吟感鬼神,宾从杂遝实要津。
后来鞍马何逡巡,当轩下马入锦茵。
杨花雪落覆白蘋,青鸟飞去衔红巾。
炙手可热势绝伦,慎莫近前丞相嗔。

哀江头 杜 甫

少陵野老吞声哭,春日潜行曲江曲。
江头宫殿锁千门,细柳新蒲为谁绿。
忆昔霓旌下南苑,苑中万物生颜色。
昭阳殿里第一人,同辇随君侍君侧。
辇前才人带弓箭,白马嚼啮黄金勒。
翻身向天仰射云,一笑正坠双飞翼。
明眸皓齿今何在,血污游魂归不得。
清渭东流剑阁深,去住彼此无消息。
人生有情泪沾臆,江水江花岂终极?
黄昏胡骑尘满城,欲往城南望城北。

病　橘　杜　甫

群橘少生意，虽多亦奚为。惜哉结实小，酸涩如棠梨。
剖之尽蠹虫，采掇爽所宜。纷然不适口，岂止存其皮。
萧萧半死叶，未忍别故枝。玄冬霜雪积，况乃回风吹。
尝闻蓬莱殿，罗列潇湘姿。此物岁不稔，玉食失光辉。
寇盗尚凭陵，当君减膳时。汝病是天意，吾恐罪有司。
忆昔南海使，奔腾献荔支。百马死山谷，到今耆旧悲。

长 恨 歌

汉皇重色思倾国，御宇多年求不得。
杨家有女初长成，养在深闺人未识。
天生丽质难自弃，一朝选在君王侧。
回眸一笑百媚生，六宫粉黛无颜色。
春寒赐浴华清池，温泉水滑洗凝脂。
侍儿扶起娇无力，始是新承恩泽时。
云鬓花颜金步摇，芙蓉帐暖度春宵。
春宵苦短日高起，从此君王不早朝。
承欢侍宴无闲暇，春从春游夜专夜。
后宫佳丽三千人，三千宠爱在一身。

金屋妆成娇侍夜，玉楼宴罢醉和春。
姊妹弟兄皆列土，可怜光彩生门户。
遂令天下父母心，不重生男重生女。
骊宫高处入青云，仙乐风飘处处闻。
缓歌慢舞凝丝竹，尽日君王看不足。
渔阳鼙鼓动地来，惊破《霓裳羽衣曲》。
九重城阙烟尘生，千乘万骑西南行。
翠华摇摇行复止，西出都门百余里。
六军不发无奈何，宛转蛾眉马前死。
花钿委地无人收，翠翘金雀玉搔头。
君王掩面救不得，回看血泪相和流。
黄埃散漫风萧索，云栈萦纡登剑阁。
峨嵋山下少人行，旌旗无光日色薄。
蜀江水碧蜀山青，圣主朝朝暮暮情。
行宫见月伤心色，夜雨闻铃肠断声。
天旋日转回龙驭，到此踌躇不能去。
马嵬坡下泥土中，不见玉颜空死处。
君臣相顾尽沾衣，东望都门信马归。
归来池苑皆依旧，太液芙蓉未央柳。
芙蓉如面柳如眉，对此如何不泪垂？
春风桃李花开日，秋雨梧桐叶落时。

西宫南内多秋草，落叶满阶红不扫。
梨园弟子白发新，椒房阿监青娥老。
夕殿萤飞思悄然，孤灯挑尽未成眠。
迟迟钟鼓初长夜，耿耿星河欲曙天。
鸳鸯瓦冷霜华重，翡翠衾寒谁与共？
悠悠生死别经年，魂魄不曾来入梦。
临邛道士鸿都客，能以精诚致魂魄。
为感君王辗转思，遂教方士殷勤觅。
排空驭气奔如电，升天入地求之遍。
上穷碧落下黄泉，两处茫茫皆不见。
忽闻海上有仙山，山在虚无缥缈间。
楼阁玲珑五云起，其中绰约多仙子。
中有一人字太真，雪肤花貌参差是。
金阙西厢叩玉扃，转教小玉报双成。
闻道汉家天子使，九华帐里梦魂惊。
揽衣推枕起徘徊，珠箔银屏迤逦开。
云鬓半偏新睡觉，花冠不整下堂来。
风吹仙袂飘飘举，犹似霓裳羽衣舞。
玉容寂寞泪阑干，梨花一枝春带雨。
含情凝睇谢君王，一别音容两渺茫。
昭阳殿里恩爱绝，蓬莱宫中日月长。

回头下望人寰处,不见长安见尘雾。
唯将旧物表深情,钿合金钗寄将去。
钗留一股合一扇,钗擘黄金合分钿。
但教心似金钿坚,天上人间会相见。
临别殷勤重寄词,词中有誓两心知。
七月七日长生殿,夜半无人私语时。
在天愿作比翼鸟,在地愿为连理枝。
天长地久有时尽,此恨绵绵无绝期!

上阳白发人

上阳人,红颜暗老白发新。
绿衣监使守宫门,一闭上阳多少春!
玄宗末岁初选入,入时十六今六十。
同时采择百余人,零落年深残此身。
忆昔吞悲别亲族,扶入车中不教哭。
皆云入内便承恩,脸似芙蓉胸似玉。
未容君王得见面,已被杨妃遥侧目。
妒令潜配上阳宫,一生遂向空房宿。
秋夜长,夜长无寐天不明。
耿耿残灯背壁影,潇潇暗雨打窗声。

春日迟，日迟独坐天难暮。
宫莺百啭愁厌闻，梁燕双栖老休妒。
莺归燕去长悄然，春往秋来不记年。
唯向深宫望明月，东西四五百回圆。
今日宫中年最老，大家遥赐尚书号。
小头鞋履窄衣裳，青黛点眉眉细长。
外人不见见应笑，天宝末年时世妆。
上阳人，苦最多。少亦苦，老亦苦，
少苦老苦两如何！
君不见昔时吕向《美人赋》，
又不见今日上阳白发歌。

长恨歌传　陈　鸿

开元中，泰阶平，四海无事。玄宗在位岁久，倦于旰食宵衣，政无小大，始委于右丞相。深居游宴，以声色自娱。先是元献皇后、武淑妃皆有宠，相次即世。宫中虽良家子千数，无可悦目者。上心忽忽不乐。时每岁十月，驾幸华清宫，内外命妇，熠耀景从，浴日余波，赐以汤沐，春风灵液，澹荡其间。上心油然，若有顾遇。左右前后，粉色如土。

诏高力士潜搜外宫，得弘农杨玄琰女于寿邸。既笄矣，鬓发腻理，纤秾中度，举止闲冶，如汉武帝李夫人。别疏汤泉，诏赐澡莹。既出水，体弱力微，若不任罗绮，光彩焕发，转动照人。上甚悦，进见之日，奏《霓裳羽衣曲》以导之。定情之夕，授金钗钿合以固之。又命戴步摇，垂金珰。

明年，册为贵妃，半后服用。由是冶其容，敏其词，婉娈万态，以中上意，上益嬖焉。时省风九州，泥金五岳，骊山雪夜，上阳春朝，与上行同辇，居同室，宴专席，寝专房，虽有三夫人、九嫔、二十七世妇、八十一御妻暨后宫才人、乐府妓女，使天子无顾盼意。自是六宫无复进幸者。非徒殊艳尤态致是，盖才智明慧，善巧便佞，先意希旨，有不可形容者。叔父昆弟皆列在清贯，爵为通侯。姊妹封国夫人，富埒王室，车服邸第，与大长公主侔，而恩泽势力则又过之。出入禁门不问，京师长吏为侧目。故当时谣咏有云："生女勿悲酸，生男勿喜欢。"又曰："男不封侯女作妃，看女却为门上楣。"其人心羡慕如此。

天宝末，兄国忠盗丞相位，愚弄国柄。及安禄山引兵向阙，以讨杨氏为辞。潼关不守，翠华南幸，出咸阳，道次马嵬亭，六军徘徊，持戟不进，从官郎吏伏上马前，请诛错以谢天下。国忠奉氂缨盘水，死于道周。左右之意未快。上问之，当时敢言者请以贵妃塞天下怒。上知不免，而不忍见其死，反袂掩面，使牵之而去。仓黄展转，竟就绝于尺组之下。既而玄宗狩成都，肃宗受禅灵武。明年，大凶归元，大驾还都。尊玄宗为太上皇，就养南宫，迁于西内。时移事去，乐尽悲来。每至春之日、冬之夜，池莲夏开，宫槐秋落，梨园弟子玉琯发音，闻《霓裳羽衣》一声，则天颜不怡，左右歔欷。三载一意，其念不衰。求之梦魂，杳不能得。

适有道士自蜀来，知上皇心念杨妃如是，自言有李少君之术。玄宗大喜，命致其神。方士乃竭其术以索之，不至。又能游神驭气，出天界、没地府以求之，不见。又旁求四虚上下，东极大海，跨蓬壶，见最高仙山，上多楼阙，西厢下有洞户东向，阖其门，署曰"玉妃太真院"。方士抽簪叩扉，有双鬟童女出应其门。方士造次未及言，而双鬟复入。俄有碧衣侍女又至，诘其所从。方士因称唐天子使者，且致其命。碧衣云："玉妃方寝，请少待之。"于时，云海沉沉，洞天日晚，琼户重阖，悄然无声。

方士屏息敛足，拱手门下，久之，而碧衣延入，且曰："玉妃出。"见一人冠金莲，披紫绡，佩红玉，曳凤舄，左右侍者七八人。揖方士，问皇帝安否？次问天宝十四年已还事。言讫悯默，指碧衣取金钗钿合，各析其半，授使者曰："为我谢太上皇，谨献是物，寻旧好也。"方士受辞与信，将行，色有不足。玉妃固征其意，复前跪致词："请当时一事，不为他人闻者，验于太上皇，不然，恐钿合金钗，负新垣平之诈也。"玉妃茫然退立，若有所思。徐而言之曰："昔天宝十载，侍辇避暑于骊山宫，秋七月，牵牛织女相见之夕，秦人风俗，是夜张锦绣，陈饮食，树瓜华，焚香于庭，号为乞巧。宫掖间尤尚之。时夜殆半，休侍卫于东西厢，独侍上。上凭肩而立，因仰天感牛女事，密相誓心，愿世世为夫妇。言毕，执手各呜咽。此独君王知之耳。"因自悲曰："由此一念，又不得居此，复堕下界，且结后缘。或为天，或为人，决再相见，好合如旧。"因言："太上皇亦不久人间，幸惟自安，无自苦耳。"使者还奏太上皇，皇心震悼，日日不豫。其年夏四月，南宫晏驾。

元和元年冬十二月，太原白乐天自校书郎尉于盩厔，鸿与琅邪王质夫家于是邑，暇日，相携游仙游寺，话及此事，相与感叹。质夫举酒于乐天前曰："夫希代之事，非遇出世之才润色之，则与时消没，不闻于世。乐天，深于诗、多于情者也，试为歌之，如何？"乐天因为《长恨歌》，意者不但感其事，亦欲惩尤物，窒乱阶，垂于将来者也。歌既成，使鸿传焉。世所不闻者，予非开元遗民，不得知。世所知者，有《玄宗本纪》在，今但传《长恨歌》云尔。

吊白居易　李忱

缀玉联珠六十年，谁教冥路作诗仙。
浮云不系名居易，造化无为字乐天。
童子解吟《长恨》曲，胡儿能唱《琵琶》篇。
文章已满行人耳，一度思卿一怆然。

戴敦邦 绘
骊宫高处入青云,仙乐风飘处处闻。

戴敦邦 绘
蜀江水碧蜀山青,圣主朝朝暮暮情。行宫见月伤心色,夜雨闻铃肠断声。

戴敦邦 绘

含情凝睇谢君王，一别音容两渺茫。昭阳殿里恩爱绝，蓬莱宫中日月长。
回头下望人寰处，不见长安见尘雾。惟将旧物表深情，钿合金钗寄将去。

戴敦邦 绘
七月七日长生殿,夜半无人私语时。

第三讲
京官白居易

初入仕途

元和元年（806），35岁的白居易被任命为盩厔县县尉。对于这样的一个低品级的职位，白居易本人是很不满意的。他刚到盩厔，就写诗说："一为趋走吏，尘土不开颜。"（《盩厔县北楼望山》）又说："可怜趋走吏，尘土满青袍。"（《权摄昭应，早秋书事，寄元拾遗，兼呈李司录》）再三地说到"趋走吏"，又再三说到"尘土"，可见在他心目中，像盩厔县县尉这样的官职实在是在攘攘红尘中趋走服役的小吏，这距离他为自己设计的人生理想实在是太远了。当然，白居易在盩厔亲眼看到了农民的辛苦劳作，他们冒着五月的酷暑在地里割麦："足蒸暑土气，背灼炎天光。"还有更穷苦的妇女抱着幼儿在田头拾取收割时遗漏的麦穗来充饥："复有贫妇人，抱子在其傍。……家田输税尽，拾此充饥肠。"(《观刈麦》)这使他联想到自己并未亲事农桑，却领取官俸，岁有余粮，感到非常愧疚。这也许会减轻一点他内心的失落感吧。

幸而白居易出色的学识和文才很快引起了朝廷的重视，他在盩厔只待了一年多时间，便被调入长安。807 年冬季，36 岁的白居易先是进京任京兆府进士试官，这个临时的差使结束后，他便被委任以集贤院校理的差使，紧接着又被召入翰林院去考试制诏的写作，随即被授以翰林学士的差使。按照唐代的制度，集贤校理和翰林学士都仅仅是差使而不是"职事官"，也就是说此时白居易的本职仍是盩厔县县尉。到了第二年（808）四月，白居易才被正式任命为左拾遗，仍然充当翰林学士的差使。于是，白居易便与县尉这个"趋走吏"彻底脱钩了。

"左拾遗"是属于门下省的职事官，与它相对的"右拾遗"则是属于中书省的职事官，门下省和中书省都是最高的国务机构。"左拾遗"的官品只有从八品上，比盩厔县县尉的正九品下是高了几级，但还是一个低品级的官职。不过左拾遗的职责倒是相当重要的，"言国家遗事，拾而论之",也就是凡是国家大事或朝廷措施有什么遗漏的地方,左拾遗都应予以指出。在白居易以前的唐代大诗人中,陈子昂曾任右拾遗,杜甫曾任左拾遗,他们都曾经诚心诚意地对朝政拾遗补阙,没有辜负"拾遗"的名称。白居易在《初授拾遗》这首诗里说:"奉诏登左掖,束带参朝议。何言初命卑,且脱风尘吏。杜甫陈子昂,才名括天地。当时非不遇,尚无过斯位。"诗意是,虽然左拾遗仍是一个品位低下的官职,但是毕竟摆脱了"风尘吏",而且前代的大贤杜甫、陈子昂都担任过拾遗的官,自己决心以他们为榜样。翰林学士是"差遣"而不是职事官,它是由具备文学才能的朝臣充任的,对充任者的官品则并无一定的规定。像白居易此时的品级仅是从八品上,可以说是相当低,但有的翰林学士是由各部的尚书来充任的,其品级高达正三品。翰林学士的地位相当重要,从唐德宗时开始,翰林学士便成为皇帝身边最亲近的顾问和机要秘书,凡是任免将相、册立太子、宣布征伐或大赦的诏命,都是由翰林学士起草的。所以翰林学士的实际地位相当尊显,参加内宴时甚至位于宰相之下、其他大员之上,人称"内相"。中唐时翰林学士的升迁相当容易,而且往往能升至宰相,与白居易同时任翰林学士的五个同僚,后来都成为宰相,以至于白居易在70岁时感慨地说:"同时六学士,五相一渔翁。"(《李

留守相公见过，池上泛舟举酒，话及翰林旧事，因成四韵以献之》)

调任京官的白居易踌躇满志，意气风发，左拾遗的重要职责使他以勇于进言为己任，翰林学士的重要地位更使他以天下兴亡为己责。他的政治热情空前高涨，他在《初授拾遗献书》中这样表达自己的高度责任感："有阙必规，有违必谏，朝廷得失无不察，天下利病无不言。"他甚至写出了这样的诗句："誓心除国蠹，决死犯天威。"(《和阳城驿》) 就是说自己决心根除对国家有害的奸臣，连冒犯皇帝的威严也在所不惜。这两句诗既是白居易初入政坛时的政治誓言，也是他以后的三年在朝政治生涯中的行为准则。

初露锋芒的谏官

让我们来看看白居易是怎样实现他的誓言的。

首先，白居易对当时骄横不法的权豪重臣进行了毫不留情的尖锐抨击，在短短的三年时间里，他先后上书弹劾山南东道节度使于𬱃、荆南节度使裴均、岭南节度使王锷、河东节度使严绶和淄青平卢节度使李师道的贪暴不法行为。这些节度使大多拥兵自重，在所领方镇对百姓横征暴敛，对朝廷或拒缴贡赋，或以贿赂珍宝、进献美女等手段邀宠，甚至勾结朝臣或宦官来干扰朝政，成为中唐时代国家政治肌体上的一颗颗毒瘤。白居易对这些权臣深恶痛绝，奋不顾身地上书揭露他们的种种不法行为，反对朝廷对他们姑息养奸，即使为此得罪皇帝也在所不顾。例如荆南节度使裴均，是唐宪宗的翊戴之臣。原来在永贞元年（805）的政治风波中，裴均曾会同他人联合上表，请求让皇太子李纯，也就是后来的唐宪宗监国。事实上，唐顺宗李诵早在登基之前就患了中风，不能说话。他805年正月登基，到了三月，宦官俱文珍等人联合朝臣，强迫顺宗立长子李纯为太子，到了七月二十八日，就由太子监国，也就是让当时还是皇太子的李纯提前接管皇权。八月四日，顺宗就正式让位给太子李纯，史称"永贞内禅"。所谓内禅，就是在皇帝还活着的时候就提前让位给太子。顺宗在位只有短短的八个月，连"永贞"这个年号还是他退位后才匆匆宣布的，以免一个皇帝没有属于他自己的年号。所以永贞元年也就是贞元二十一年，即公元805年。四个月之后，又匆匆改元为"元和"了。显然，在李纯登上皇帝宝座的过程中，裴均其人是拥戴有功的。裴均本是个无耻小人，但是唐宪宗念其拥戴有功，对他恩遇有加。元和三年（808），唐宪宗允许裴均入朝，并升他为尚书左仆射、判度支，也就是成为事实上的宰相。对此，白居易上书表示坚决反对。后来迫于舆论的压力，裴均被出为山南东道节度使。但他仍不甘寂寞，在第二年通过宦官向宪宗进献银器一千五百多两。白居易又专门上书揭露其狼子野心，可惜唐宪宗也是贪婪成性，竟然照收不误。

其次，白居易坚决反对宦官擅权。中唐政治最大的弊病就是宦官专权，宦官头子掌握着左右神策军，连皇帝自身的命运都被控制在他们掌中，更不用说朝政了。司马光在《资治通鉴》卷263中这样评议中唐宦官的嚣张气焰："劫胁天子如制婴儿"，"使天子畏之若乘虎狼而挟蛇虺"。皇帝只是宦官随意玩弄的一个婴儿，皇帝害怕宦官好像骑在虎狼身上，又像胁下挟着毒蛇。请大家想一想，一个人骑在虎狼身上，胯下的虎狼岂不是随时都可以回头把你吞掉？要是你在胁下挟着毒蛇呢，它岂不是随时都能在你的胸部咬上一口！处于"乘虎狼而挟蛇虺"的险恶境地的人，心中该是何等地恐惧！皇帝尚且这样害怕宦官，一般的朝臣就更不用说了。唐宪宗的登基，就在很大的程度上得力于宦官俱文珍等人，所以唐宪宗从根本上对俱文珍等人持倚重、庇护的态度。俱文珍，后改名刘贞亮。此人在德宗朝就颇受重用，他为人心狠手辣，又有过多次外事活动的经历，俨然成为阉党的首领。在永贞内禅的过程中，俱文珍带头反对王叔文，在策立李纯为太子以及拥立太子登基这两大活动中都起了关键作用，被唐宪宗视为翊戴功臣，升任右卫大将军，掌管宿卫营兵，死后竟赠"开府仪同三司"，身份的显贵已等同于王公了。在这种政治氛围中，白居易敢于无所忌讳地接连抨击俱文珍等大宦官，体现了忠心报国、不顾自身安危的高尚品质。最令人钦佩的是白居易对大宦官吐突承璀的连续抨击。吐突承璀是唐宪宗最宠信的大宦官，唐宪宗刚登帝位，就任吐突为神策护军中尉，让他掌管禁军。到了元和四年（809），唐宪宗居然任命吐突承璀为"赴镇州行营兵马招讨处置使"，也就是前往镇州讨伐叛乱藩镇的军队统帅。白居易当即上书提出尖锐批评，坚决反对任命宦官为军队统帅。唐宪宗虽然迫于舆论压力，把吐突的头衔改为"招讨宣慰使"，但依然让他统军出征。吐突的出征兴师动众，却毫无战功，白居易又连上三状，要求罢免吐突。可是唐宪宗执迷不悟，在吐突无功而返后仍任命他为左军中尉。对于这个位高权重的大宦官，白居易不但在朝廷里上书抨击其弄权误国，而且在诗歌中无情地揭露其暴虐害民的罪行。白居易有一首诗题作《宿紫阁山北村》，写的是诗人游览长安城南的紫阁峰，到一个村民家里投宿。主人热情好客，备了酒菜招待诗人。没想到主客举起酒杯，还没来得及饮上一口，突然有一群凶暴无比的士兵冲进门来。他们身穿紫衣，手持刀斧，不问青红皂白，夺过酒杯就喝，夺过菜肴就吃。而主人反而噤若寒蝉，退后静立，敛手旁观，像是宾客。庭院里有一棵材质奇特的大树，已经栽种了三十年了。这些兵士举起斧头把树砍下，带了树木扬长而去，临走前还声称他们属于神策军。为什么人们必须容忍如此的暴行呢？诗的末句揭开谜底："中尉正承恩。"原来这些神策军的首领，也就是官居左军中尉的吐突承璀，他正得到皇帝的无比恩宠呢！

第三，白居易在朝为官时，他的目光不仅盯着高高在上的不法权臣，也注视着社会下层的民生疾苦。对于朝廷里那些虐民害物的苛政恶法，白居易没有保持沉默。当时有一项政策叫"和籴法"，从北魏、隋代以来沿用已久。这条法令的基本内容是朝廷设立"和籴官"，在丰收年头粮价低贱时加价籴粮，到灾年歉收粮价飞涨时则减价粜粮，以此来平抑粮价，使农民的收入和百姓的生活不至于受到太大的冲击。就其本意来说，这条法令是有利于农民利益的好政策。但是日久弊生，到了中唐贞元以后，这项措施已经变得面目全非：官府不论年成如何，按户口分配定额，强行贱价征购农民手中的粮食，使农民不堪其害。白居易愤然上书，揭露了当前"和籴法"的实质是："号为和籴，其实害人！"他还以亲身经历为证，说明和籴对百姓的危害之烈:"臣近为畿尉,曾领和籴之司。亲自鞭挞,所不忍闻!"针对上述弊端,白居易提出了具体的改革措施,一是"开场自籴",就是官府公开设立收购点,以略高于市价的优惠价,让农民自愿交售余粮。二是"折籴",就是针对当时的税法强令农民交纳钱币,逼得农民贱卖粮食得钱纳税的现状,建议让农民以交纳粮食来折算成钱币,以免受到中间盘剥。白居易的这道奏状是在元和三年(808)上奏的,过了三年,朝廷总算下诏京兆府减免当年折籴粮二十五万石。虽说白居易没有能力彻底根除这项弊政,但他的仁政爱民思想是难能可贵的。元和四年(809),白居易针对当时贫民因欠官租而被囚在狱,至死不见天日的惨状,上书陈情。他指出:虢州的阌乡、湖城等县(在今河南灵宝附近)的监狱里,关押着数十个囚犯,他们只因拖欠租税无力还清,就被长年累月地关在牢中。他们身陷牢狱,竟然还要自己负担口粮,于是他们的妻儿在外面靠行乞来为他们提供"狱粮"。有的人已经被关押多年,死在牢中,官府竟然把其儿子抓来代父坐牢。白居易愤怒地指出:"自古罪人,未闻此苦。行路见者,皆为痛伤!"因此他请求朝廷降旨予以释放,清除此类冤狱。白居易的《歌舞》一诗中所说的"岂知阌乡狱,中有冻死囚",可以与此奏状对读。

总之，白居易身为谏官，确实做到了忠于职守。从37岁到40岁的三年多时间，是白居易在政治上奋发有为的时期。他不顾自己官位低下的实际处境，也不顾勇于进言可能带来的不测之祸，积极地为朝廷献计献策。他的一系列奏状，系统地体现了儒家以民为本的政治思想，也充分展现了儒家杀身成仁的政治风范。在当时的社会条件下，这种思想是最能体现人类理性和人道主义精神的思想。白居易用他的实际行为表明他对儒家思想不但由衷信从，而且付诸实践。儒家思想的最大特色就是不事空言，而见诸日用人伦。白居易的行为正是儒家风范的具体体现。当我们评说白居易的人生观和人生表现时，当我们对白居易晚年消极退隐的行为提出批评时，千万不要忘了他在壮年时代的政治表现。

母丧和服除

正当白居易意气风发地从事政治活动时，家庭的不幸突然降临到他头上。元和六年（811）四月，他的母亲白陈氏去世了。此时白居易正任京兆府户曹参军充翰林学士，遵照当时"丁忧"制度的规定，他与弟弟白行简自动离职，率领家人扶母丧返回下邽故里，守丧三年。

　　下邽位于长安东南百里之遥，是属于华州的一个县。白居易的曾祖父白温那一代从韩城迁居下邽，后来白居易的祖父白锽移居新郑，但是白氏家族的其他分支仍然居住在下邽。804年，正任校书郎的白居易把家迁回下邽，安在义津乡的金氏村（一名紫兰村）。这个小村子地处渭水北岸，土地平旷，风景优美，距离长安又比较近，交通方便。白居易的新家相当简陋，不过是"新屋五六间，古槐八九树"（《西原晚望》）而已。白居易的身体本来就较弱，加上丧母的悲痛和料理丧事的辛劳，回到下邽不久就病倒了。祸不单行，他的独生女金銮子也得了急病，几天以后，这个还不满三周岁的小女孩就夭折了。接踵而至的打击使白居易痛不欲生，好不容易才熬过那段岁月。当年十月，白居易将以前暂时厝于下邽下邑里的祖父白锽的灵柩，以及暂厝于新郑的祖母与暂厝于襄阳的父亲的灵柩都迁回下邽义津乡北原，安葬在新营造的家族墓地。树高千丈，叶落归根。白居易的举动是对家族中的亡灵的莫大安慰，也是为多年飘荡异乡的家族尽了一份责任。按照唐代的制度，守母丧的期限是二十七个月，也就是说白居易到元和八年（813）七月就服除了，"服除"就是守丧期满的意思。按照唐代的制度规定，守丧的官员服除以后，朝廷要主动召回并授以官职。但是事实上直到元和九年（814）冬，白居易才被任命为太子左赞善大夫，回到长安。这时距离他遭母丧已有三年零八个月，也就是说他比常规的服除复职迟了整整十七个月。这究竟是什么原因？是否由于白居易在朝时屡次上书得罪了权贵乃至皇帝本人，导致他服丧期满后迟迟没有被朝廷召回？我们不能肯定，但不妨这样推测。

结束了将近四年的乡村闲居生活，白居易又回到长安。但是"太子左赞善大夫"的品秩虽然是正五品上，却是一个闲职，并无具体的实事可做。因为制度规定这个官职的职责仅是"皇太子出入动静，苟非其德义，则必陈古以箴焉"。也就是对太子进行日常的道德教导而已。如果是一个只图爵禄的平庸之徒，那么做这样的闲官也未尝不可。但是白居易毕竟是胸怀大志的人啊，况且他正处年富力强的壮年，怎能满足于浑浑噩噩地空度年华呢？所以此时的白居易心中非常郁闷，他在一首诗中对朋友大发牢骚，说："一种共君官职冷，不如犹得日高眠。"（《初授赞善大夫早朝寄李二十助教》）"李二十"就是与白居易一起写新乐府诗而著名的诗人李绅，这时正任国子助教。原来太子左赞善大夫虽是个闲官，却是个常参官，也就是每天都要参加朝参的官员。而李绅所任的国子助教却是不需要朝参的冷官。难怪白居易要对李绅说，我与你一样做着无关轻重的冷官，却还要每天上朝，还不如你可以一觉睡到大天亮！

不在其位也要谋其政的忠贞之士

江山易改，本性难移。以天下为己任的忠贞之士即使身处下位，也不会妨碍他们直言进谏，乃至越级言事。白居易在太子左赞善大夫的闲职任上只过了半年，一个越级言事的机会就来临了。

事情发生得非常突然。原来，朝廷在宰相武元衡的主持下，正在加紧部署讨伐淮西的叛镇吴元济。吴元济是淮西节度使吴少阳的儿子，元和九年（814），吴少阳病死，吴元济匿丧不报，并向朝廷请求让他世袭淮西节度使。朝廷没有答应，吴元济就自领淮西军务，他以蔡州（今河南汝南）为据点，发兵四出侵扰，攻城略地，关东震动。吴元济的行为极为嚣张，已与叛乱毫无二致。当时同样有野心的拥兵自重的节度使如平卢节度使（治所在今山东益都）李师道、成德节度使（治所在今河北正定）王承宗等人，都与吴元济互为犄角，遥相呼应。朝廷在武元衡、裴度等人的主持下积极准备讨伐吴元济，李师道等人顿时产生了唇亡齿寒的危机感，他们害怕吴元济一旦灭亡，自己也会被朝廷各个击破。于是，李师道、王承宗纷纷派出刺客，到长安伏击武元衡等人。元和十年（815）六月三日凌晨，当宰相武元衡和御史中丞兼刑部侍郎裴度前往早朝走到半路，埋伏的刺客突然发动袭击，当场杀死武元衡，还把他的头颅割下来带走。裴度也同时遭到袭击，被击伤头部，幸亏他戴着厚厚的毡帽，才得以免死。

在堂堂大唐帝国的京城，宰执大臣在上朝的路上被刺身亡，而刺客竟然逃之夭夭，这真是朝廷的奇耻大辱。白居易怒不可遏，迅速作出反应，在事发当天的中午就上书言事，要求朝廷迅速捉拿刺客，查明幕后主使，予以严惩。照理来说，在朝廷发生了如此严重的突发事件的危急时刻，凡是朝臣都有权利，也有责任为国家出谋划策。即使此时的白居易已不再担任言官的职务，即使身为太子左赞善大夫的他第一个上书有点越职言事的味道，但这总不算是罪过吧，至少不是什么大不了的罪过吧！白居易的奏状递上后，两天之内就传遍了整个长安城，可见朝野都很重视这道奏状。可是朝中的宦官和权臣们却大为不悦，他们原来就对白居易心怀不满，对白居易这次越级言事更是十分恼火，但又无法用这个罪名来惩罚他，于是便寻找别的罪名栽赃给白居易。欲加之罪，何患无辞？据史书记载，当时朝中有一些素来憎恶白居易的权臣，造谣说白居易的母亲是因看花坠井而死的，而白居易却写了《赏花》诗和《新井》诗，这无异于不孝母亲，有伤名教。在帝制时代，不孝父母当然是骇人听闻的重大罪行，于是白居易就成为一个十恶不赦的罪人了。既然白居易成了不孝之人，当然没有资格担任对太子进行道德教导的职责的"太子左赞善大夫"，于是宰相韦贯之奏请朝廷把白居易贬为"江表刺史"，"表"就是外面的意思，所谓江表是指长江以南，也就是距离长安较远的地方。因为古人以中原为地理中心，身居长安来看待江南，就是在长江的外侧。正在此时，中书舍人王涯又落井下石，上疏说白居易这样的人不宜当地方长官，结果朝廷降诏把白居易贬为江州司马。

其实，说白居易的母亲因看花坠井而身亡，也许当时确有这个传说。但是说白居易在母丧之后还写《赏花》、《新井》的诗，所以是不孝，则完全是栽赃诬陷。在流传至今的白居易诗集中，根本找不到题为《赏花》、《新井》的诗。在白居易遭遇母丧直到元和十年的所有诗歌中，与赏花有关的诗歌倒是有的，比如有一首《东园玩菊》，就是元和八年（813）秋季写的，那时白居易还在下邽居住，但是已经服丧期满。即使其母之死确与看花有关，难道从此诗人就不能再说到赏花了？至于"新井"，则在此期的白诗中不见踪影。只有写于元和二年（807）的《早秋独夜》中有"井梧凉叶动"一句，但那时下距白母之死尚有四年，难道白居易能未卜先知地避讳"井"这个字？所以，韦贯之、王涯之流对白居易的指责，完全是无中生有的肆意中伤，是假公济私的政治陷害。其实真正的原因是，白居易屡次上书指责身居高位的宦官和权臣，又写了许多的讽谕诗来讥刺他们，那些宦官和权臣早就对白居易恨得牙根发痒了。武元衡遇刺后白居易越级上书的事情，正好是他们拔去这颗眼中钉的触发点，于是就迫不及待地对白居易痛下毒手了。

附 录

权摄昭应,早秋书事,寄元拾遗,兼呈李司录

夏闰秋候早,七月风骚骚。渭川烟景晚,骊山宫殿高。
丹殿子司谏,赤县我徒劳。相去半日程,不得同游遨。
到官来十日,览镜生二毛。可怜趋走吏,尘土满青袍。
邮传拥两驿,簿书堆六曹。为问纲纪掾,何必使铅刀?

观刈麦

田家少闲月,五月人倍忙。夜来南风起,小麦覆陇黄。
妇姑荷箪食,童稚携壶浆。相随饷田去,丁壮在南岗。
足蒸暑土气,背灼炎天光。力尽不知热,但惜夏日长。
复有贫妇人,抱子在其傍。右手秉遗穗,左臂悬弊筐。
听其相顾言,闻者为悲伤。家田输税尽,拾此充饥肠。
今我何功德,曾不事农桑。吏禄三百石,岁晏有余粮。
念此私自愧,尽日不能忘。

初授拾遗

奉诏登左掖，束带参朝议。何言初命卑，且脱风尘吏。
杜甫陈子昂，才名括天地。当时非不遇，尚无过斯位。
况予蹇薄者，宠至不自意。惊近白日光，惭非青云器。
天子方从谏，朝庭无忌讳。岂不思匪躬？适遇时无事。
受命已旬月，饱食随班次。谏纸忽盈箱，对之终自愧。

和阳城驿

商山阳城驿，中有叹者谁？云是元监察，江陵谪去时。
忽见此驿名，良久涕欲垂。何故阳道州，名姓同于斯？
怜君一寸心，宠辱誓不移。疾恶若《巷伯》，好贤如《缁衣》。
沉吟不能去，意者欲改为。改为避贤驿，大署于门楣。
荆人爱羊祜，户曹改为辞。一字不忍道，况兼姓呼之。
因题八百言，言直文甚奇。诗成寄与我，铿若金和丝。
上言阳公行，友悌无等夷。骨肉同衾裯，至死不相离。
次言阳公迹，夏邑始栖迟。乡人化其风，少长皆孝慈。
次言阳公道，终日对酒卮。兄弟笑相顾，醉貌红怡怡。
次言阳公节，謇謇居谏司。誓心除国蠹，决死犯天威。
终言阳公命，左迁天一涯。道州炎瘴地，身不得生归。

一一皆实录，事事无孑遗。凡是为善者，闻之恻然悲。
道州既已矣，往者不可追。何世无其人？来者亦可思。
愿以君子文，告彼大乐师。附于雅歌末，奏之白玉墀。
天子闻此章，教化如法施。直谏从如流，佞臣恶如疵。
宰相闻此章，政柄端正持。进贤不知倦，去邪勿复疑。
宪臣闻此章，不敢怀依违。谏官闻此章，不忍纵诡随。
然后告史氏，旧史有前规。若作阳公传，欲令后世知。
不劳叙世家，不用费文辞。但于国史上，全录元稹诗。

宿紫阁山北村

晨游紫阁峰，暮宿山下村。村老见予喜，为予开一樽。
举杯未及饮，暴卒来入门。紫衣挟刀斧，草草十余人。
夺我席上酒，掣我盘中飧。主人退后立，敛手反如宾。
中庭有奇树，种来三十春。主人惜不得，持斧断其根。
口称采造家，身属神策军。主人慎勿语，中尉正承恩。

初授赞善大夫早朝寄李二十助教

病身初谒青宫日，衰貌新垂白发年。

寂寞曹司非热地，萧条风雪是寒天。

远坊早起常侵鼓，瘦马行迟苦费鞭。

一种共君官职冷，不如犹得日高眠。

歌　舞

秦中岁云暮，大雪满皇州。雪中退朝者，朱紫尽公侯。
贵有风云兴，富无饥寒忧。所营惟第宅，所务在追游。
朱门车马客，红烛歌舞楼。欢酣促密坐，醉暖脱重裘。
秋官为主人，廷尉居上头。日中为一乐，夜半不能休。
岂知阌乡狱，中有冻死囚。

西原晚望

花菊引闲步，行上西原路。原上晚无人，因高聊四顾。
南阡有烟火，北陌连墟墓。村邻何萧疏，近者犹百步。
吾庐在其下，寂寞风日暮。门外转枯蓬，篱根伏寒兔。
故园汴水上，离乱不堪去。近岁始移家，飘然此村住。
新屋五六间，古槐八九树。但是衰病身，此生终老处。

第四讲
白居易对社会的关切

白居易写讽谕诗的背景

上一讲我们说到了白居易在朝十年勇于言事的政治表现,与此同时,他在诗歌写作上也有类似的表现,那就是大量写作以美刺为目的的讽谕诗。白居易的讽谕诗共有一百七十二首,这些作品基本上都写于这十年期间。其中以《新乐府》五十首和《秦中吟》十首为代表作,它们的写作时间更加集中,五十首《新乐府》全都写于元和四年(809),十首《秦中吟》全部写于元和五年(810)。虽然世人最看重的白居易诗歌也许是《长恨歌》和《琵琶行》,但白居易本人却根本不同意这种看法。白居易在写给元稹的信中说得很清楚:"今仆之诗,人所爱者,悉不过杂律诗与《长恨歌》已下耳。时之所重,仆之所轻。"由于白居易写这封《与元九书》时还没有写《琵琶行》,所以信里只说到了《长恨歌》。就是说他本人对自己诗歌的评价与世人不同。那么白居易自己最看重的是什么作品呢?首先是"意激而言质"的讽谕诗,只要看白居易自己所编的诗集中,从卷一到卷四都是讽谕诗,就可明白这一点。那么,白居易为什么这样重视讽谕诗呢?白居易讽谕诗的价值到底如何呢?

"讽谕"这个词原来的意思是用委婉的言语进行劝说,汉人班固在《两都赋》的《序》中最早用到这个词,他说:"或以抒下情而通讽谕。"意思就是抒发社会下层的情绪来对统治者进行委婉的劝说。李善注解班固的这句话时引用了《诗大序》说:"吟咏性情,以讽其上。"《诗大序》是汉人解说《诗经》的主旨的一篇总序,可见人们认为这种表达方式是与《诗经》一脉相承的。白居易自己在《与元九书》中也指出:"自拾遗来,凡所遇、所感,关于美刺兴比者,又自武德讫元和,因事立题,题为《新乐府》者,共一百五十首,谓之讽谕诗。"他明确地拈出了"美刺兴比"四个字,而"美刺兴比"正是人们对《诗经》的正面评价。何谓"美刺"?就是赞美与讽刺。《诗经》中那些具有政治含义的篇章，汉人解经时总会说这一篇是"美某某人的"，那一篇又是"刺某某人的"。当然，《诗经》中的"刺"远比"美"来得多，那些传诵千古的名篇，往往是以讽刺为主旨的。"兴比"也即"比兴"，何谓"比兴"？其本来意义是指《诗经》所运用的两种艺术手法，但对于唐朝人来说，从陈子昂到杜甫，都更加倾向于把"比兴"理解成《诗经》那种以委婉的方式来进行美刺的特征。所以白居易把"美刺"与"比兴"合成一个复合词，正是强调继承《诗经》的优良传统，用诗歌来针砭时弊、干预政治。也就是说，白居易写作讽谕诗，其主要价值取向在于政治，而不在于文学；在于社会功效，而不在于个人抒情。正因如此，白居易大张旗鼓地揭示了著名的诗歌纲领："文章合为时而著，歌诗合为事而作。"文章就是文学，歌诗就是诗歌，"为时"就是为了时代，"为事"就是要以具体的事实为写作对象。有些后人批评白居易的观点抹杀了诗歌的个人抒情性质，其实白居易的这两句话是针对其讽谕诗而说的，并不包括感伤诗、闲适诗等其他作品。换句话说，白居易并不是不理解诗歌的个人抒情功能，能写出"吊影分为千里雁，辞根散作九秋蓬"的白居易，能写出"同是天涯沦落人，相逢何必曾相识"的白居易，难道还不是抒情高手！只是白居易写作讽谕诗之时，他格外强调这类作品的社会意义和政治功能罢了。

值得注意的是，白居易写作讽谕诗，不但在时间上与他大量写作谏书相重合，而且两者的内容也是互相呼应的。身为左拾遗的白居易，是个名副其实的谏官。他在日后回顾说："仆当此日，擢在翰林，身是谏官，月请谏纸，启奏之外，有可以救济人病，裨补时阙，而难于指言者，辄咏歌之。欲稍稍递进闻于上。"(《与元九书》)唐代的谏官，官府每个月发给多达两千张的谏纸。在一般的情况下，那么多的谏纸当然是用不完的。白居易刚当上左拾遗，就写诗说："谏纸忽盈箱，对之终自愧。"(《初授拾遗》)可见他是多么忠于职守，连谏纸用不完都自觉惭愧！其实白居易进谏之频繁，奏状中言论之激切，都是无与伦比的。与此同时，白居易还大量写作讽谕诗，把那些"可以救济人病，裨补时阙，而难于指言者"，也就是有关民生疾苦，可以裨补朝政，却很难落实为具体的进谏对象的内容，就写进讽谕诗。所以，在白居易看来，他的讽谕诗与谏书具有相同的本质，都是为了反映舆情，揭露弊政，从而警戒朝廷，改善朝政。两者的区别仅仅在于：谏书是直接的抨击，而讽谕诗则是间接的讽刺。诚如清人张培仁在苏州虎丘的白居易祠堂的题诗所说："绝代才华归讽谏，忧时乐府见忠诚。"(《虎丘白公祠》)白居易写作讽谕诗的终极出发点当然是对朝廷的无限忠诚，是要想让君主和大臣了解社会真相和政治弊病，从而施行仁政，达到封建统治的长治久安。但是在客观上，白居易的讽谕诗无情地揭露了中唐社会的种种弊端，反映了人民的悲惨生活和不幸遭遇，批判了统治者荒淫无耻、不恤民情的真实嘴脸。这样的诗歌表达的是人民的心声，这样的诗人是人民的代言人。相传白居易诗风通俗易懂，连不识字的老妪都一听就懂。其实风格通俗的基础是内容的切近民众，只有与广大人民的实际生活息息相关的诗歌才会得到他们的理解和欣赏。宋人敖陶孙评白居易诗说："白乐天如山东父老课农桑，言言皆实。"（《臞翁评诗》）请大家想想，诗歌作品竟然像乡间老农谈说庄稼，每一句话都落在实处，这样的诗歌当然会通俗易懂，也当然会得到广大读者的由衷喜爱。白居易成为唐代诗坛上的"广大教化主"，绝不是偶然的。

对民生疾苦的深切同情

白居易悲悯地注视着社会的各个角落，观察到民间疾苦的方方面面，从而毫发无隐地揭示了中唐普通百姓极其悲惨的生活状态。请看一个世世代代居住在杜陵的老农民的愤怒控诉:他年复一年地辛勤耕种着一顷有余的薄地,可是今年的年成实在不好。三月里正当麦子抽穗的季节,却遭逢大旱,麦苗枯死。九月里稻子还没成熟,却严霜早降,颜色还没变黄的稻穗就干枯了。夏收、秋收都几乎是颗粒无收,靠种地为生的农民将何以为生呢?可是官吏们明明知道今年遭受了如此重的天灾,但是为了多收租税,以求得优良的考核成绩,他们竟然依旧逼着农民交纳租税。农民被逼得没办法,只好抵押自家的桑树,又出卖自家的土地,换得一些钱财来交租。可是一个农桑之家,一旦没有了桑树和土地这些生产资料,明年的衣食又从何而来呢?官府这样做,简直就是剥夺我穿在身上的衣服,抢夺我将要进嘴的口粮啊!官吏们这般残害百姓,他们简直就是豺狼,何必要长着铁钩般的爪子和锯子般的牙齿,真的来吃人肉!总算有人把今年的灾情报告了皇帝,皇帝对人民的痛苦有所同情,于是朝廷下诏今年免收灾区的租税。昨天"里胥"才慢吞吞地来到村子里("里胥"就是"里正",是管理一百户人家的村长),他到处张贴减免租税的诏书,可是此时的村民们十家倒有九户已经交清了租税,大家只好虚受皇帝免租的恩惠了!在所有谴责苛政的古典诗歌中,这首《杜陵叟》的语气是最为激烈的。孔子早就说过"苛政猛于虎"的名言,但是白居易的"虐人害物即豺狼，何必钩爪锯牙食人肉"等句子却更为尖锐、犀利。更加值得重视的是，此诗中还对皇帝的假仁假义作了一针见血的揭露，这在当时需要多大的勇气啊！

如果说《杜陵叟》所批判的急敛暴征还算是封建社会中合法的剥削的话，那么《卖炭翁》所揭露的"宫市"就是无法无天的公然抢劫了。请看那个烧炭老翁的悲惨遭遇：老翁长年在终南山里伐木烧炭，烟熏火燎，满脸尘灰，两鬓苍苍，十指乌黑，不知经历了多少艰辛。他没有别的谋生手段，全靠卖炭得钱来维持生计。木炭当然是天气严寒时才需要的东西，可怜这位穿着单薄衣裳的老翁，为了让他的木炭卖个较好的价钱，竟然一心盼望着天气严寒！"可怜身上衣正单，心忧炭贱愿天寒。"这两句诗，真的是一字一泪！总算天如人愿，夜降大雪，城外的积雪已深达一尺。于是老翁赶着牛车，运着千余斤重的木炭来到长安市场。可是他等来的是怎样的买主呢？两个身穿黄衣白衫的太监骑着马走来了，他们手持文书，口称敕令，不由分说就抢过牛车，赶往宫中。老翁束手无策，因为太监是打着"宫市"的旗号而来的。"宫市"就是宫廷买卖的意思，这个"市"是动词，就是购物的意思。"宫市"是中唐诸项弊政中最为人所诟病的一种。所谓的官市，宫廷购物，它真的是购物吗？它是公平的交易吗？不是的，是太监拿着圣旨到长安市场上随意地抢夺人民的货物,有的是稍微给一点钱,有的干脆分文不给。所以,这个卖炭老翁的一千多斤重的木炭就被两个太监公然地抢走。他们还装模作样地把一段红纱系在牛头上,这就算给了你钱,红纱等于是给你发一张荣誉证书一样,你很光荣,你的木炭贡献给朝廷了,这个老翁就两手空空了。他怎么度过寒冬?他身上的衣服、他口中的食粮从何而来呢?白居易没有说,留给我们思考。白居易在《卖炭翁》这首诗的题下自注说:"苦宫市也。"其批判矛头直指这项弊政恶法,也直指宦官和他们身后的皇帝本人。请问这样的诗歌,与那些直言无忌地揭露时弊的谏书又有什么不同?要说有什么不同的话,那就是谏书是给皇帝看的,最多只能起到一点讽谏作用。而诗歌不但写给皇帝看,也是写给广大读者看的,诗人代表不幸人民对苛政所作的控诉,字字血泪,永远感动着从古至今的读者。

　　白居易的目光也没有漏掉那些不幸的妇女,比如《上阳白发人》中的不幸宫女,又如《井底引银瓶》中的不幸弃妇,都成为唐诗中感人至深的女性形象,千载之下的读者还为她们一洒同情之泪。

对权贵恶行的无情揭露

白居易的讽谕诗中另一个主要内容就是愤怒地指责那些身居高位、不恤民情的权贵,揭露了他们骄奢淫逸、暴殄天物的腐朽生活。这方面的主题以《秦中吟》十首最为集中,难怪白居易自己说"十首《秦吟》近正声"(《编集拙诗成一十五卷,因题卷末,戏赠元九、李二十》),因为"正声"就是正大之音,《诗大序》说:"雅者,正也,言王政之所由兴废也。"批判朝中权贵的诗有益于政治改良,所以近于正声。在《秦中吟》中,《伤宅》揭露了权贵竞相建造豪华宅第的风气,他们的豪宅"累累六七堂",而且"一堂费百万",请大家算一算,那要耗费多少民脂民膏!白居易愤怒地责问那些权贵:你们这样暴殄天物,为什么不救济救济饥寒交迫的穷人?难道你们真能千年万代长保富贵?《不致仕》则揭露了权贵们已到退休年龄却恋栈不退的丑行:"可怜八九十,齿堕双眸昏。朝露贪名利,夕阳忧子孙。"为了贪恋富贵,也为了荫庇儿孙,他们恬不知耻地赖在高位上不肯退休,成为国家的一大祸害。汉代的疏广、疏受叔侄二人,官至太傅和少傅,却不贪富贵,叔侄同时告病辞归,回乡后也不为子孙置田产。白居易深深地叹息如今已经无人仿效二疏的高风亮节了!《立碑》则讥刺朝中权贵的后人用金钱收买无耻文人为权贵们树碑立传,恣意美化死者,那些既无功业,又无德行的权贵竟然"铭勋悉太公,叙德皆仲尼",也就是他们在墓碑上竟被说得功勋像兴周的姜太公,德行则像万世师表孔子,这岂不是滑天下之大稽?白居易一针见血地指出,这些刻在碑上的虚假言辞不但让贤者嗤笑,而且给后代留下疑团,真是流毒无穷!

值得注意的是,白居易揭露权贵豪奢生活的作品,几乎都以贫苦百姓的悲惨生活作为对照。《轻肥》揭露了宦官们骄横奢侈,暴殄天物,他们的豪华宴席上竟然"樽罍溢九酝,水陆罗八珍",而当时正值江南大旱,衢州(今浙江衢州)甚至发生了人吃人的惨剧!《歌舞》则揭露了豪门权贵在大雪之天听歌观舞的享乐生活:"朱门车马客,红烛歌舞楼。欢酣促密坐,醉暖脱重裘。"可是这时的阌乡监狱中,无辜的囚犯却受冻而死!最发人深省的无过于《买花》一诗,此诗先用浓墨重彩叙述了长安城里富贵人家赏玩牡丹的盛况:车马喧嚣,人们争着前往花市购买牡丹。花价昂贵,一百朵红牡丹,竟然价值二十五匹白绢,也就是一匹绢才能买四朵红牡丹!牡丹当然是娇贵无比的名花,为了让它保持鲜嫩,竟然上面张起了帷幕,旁边树起了篱笆。牡丹移栽时根部用泥土封裹,而且不断地往上面洒水,所以颜色丝毫不变。这种奢华的风气已经成为习俗,大家都沉溺其中,执迷不悟。忽然有一个庄稼汉偶然来到花市,他低头长叹,旁人却不解他为何而叹息。其实他叹息的是:"一丛深色花,十户中人赋!"就是一丛深红或深紫色的牡丹花,竟然价值十户中等人家所交纳的租税!在唐人眼中,牡丹以深红或深紫色的最为珍贵,"深色花"就是最名贵的牡丹。"中人"指中等人家,也就是现在所说的中产阶级。请大家注意,这还不是十户贫苦人家,而是十户中等人家的租税,竟然只够买一丛牡丹!这是多么惊人的穷奢极欲!唐人喜爱牡丹,可谓时代风尚,几曾有人从中看出什么不合理的地方来?唐人咏牡丹的诗也有不少,像李正封的"天香夜染衣,国色朝酣酒"(《唐诗纪事》卷40)就是咏牡丹的名句,白居易的诗友刘禹锡也咏过长安城里争赏牡丹的盛况:"惟有牡丹真国色,花开时节动京城。"(《赏牡丹》)但是只有白居易一人从京城的牡丹崇尚中看到了贫富不均,还看到了国计民生!因为"一丛深色花,十户中人赋"两句诗不但说出了富贵人家的一掷千金与贫穷百姓的生计艰辛,而且暗示着富贵人家所挥霍的钱财正是来自广大百姓的赋税。就反映现实的深度来说,白居易的讽谕诗已达到了前无古人的程度。

当然,白居易在讽谕诗的写作中追求的目标是"美刺",虽然绝大部分的白氏讽谕诗都是以"刺"为主旨的,但也不是完全没有以"美"为旨的作品。例如《道州民》一诗,就是赞美道州刺史阳城的德政。诗中写道:道州人民中有较多的侏儒,就是身材特别矮小的人。道州的地方官每年都把矮人当作贡品进贡给朝廷,使那些无辜的矮人沦为奴隶,使矮人的家庭骨肉离散。自从阳城来到道州任刺史,就果断地停止进贡矮奴。朝廷因此频频下诏责问,阳城上书答复说:按照大唐典律,各地只能进贡本地所产的物品,道州的水土所出产的只有矮人而没有矮奴,所以无法进贡。阳城义正词严的话打动了皇帝,朝廷下诏停止进贡矮奴。从此以后,道州的老百姓终于可以父子相保、兄弟相保了!道州百姓至今还深受阳城的恩惠,他们一说起阳城就会感动得流泪。他们唯恐子孙忘却阳城,生下男孩往往取名为"阳"。古代有这种习俗:某位人士造福一方,有恩于百姓,则当地百姓会用恩人的姓氏给新生的男孩取名,以示纪念。直到南宋,陆游还因常给山阴百姓施药,以至于当地百姓"共说向来曾活我,生儿多以'陆'为名"(《山村经行因施药》)。阳城的生年比白居易早三十六年,是唐代以卓行著称的士人,他在朝时任谏议大夫,数次直言上谏,终于被诬得罪,贬为道州刺史,守道州七年,颇有善政。后来因反对朝廷急征暴敛而弃官归隐。

阳城在唐代人民中享有极高的声望，民间甚至传说他死后为神，就是所谓的"福、禄、寿"三星中的福星，也叫福神。白居易写此诗时，阳城已经去世四年了。此诗没有写到阳城的其他德行，而专咏停贡矮奴一事，确实深有眼光，因为这件德政中闪耀着人道主义的光芒，这正是白居易服膺终身的仁政思想的具体表现。当然，即使是《道州民》这种以美为主旨的讽谕诗，其中仍是有美有刺的。道州的进贡矮奴，自隋代直到中唐，已经延续了二百来年。把善良无辜的百姓像牲口一样地进贡，无疑是封建社会中诸多恶政中特别恶劣的一个例证。白居易在赞美阳城的同时，也就对这种恶政进行了尖锐的批判。

白居易讽谕诗的意义

白居易的讽谕诗义正词严，疾恶如仇，语言犀利，在当时就引起了极大的反响。如此尖锐辛辣的讽刺，如此锋芒毕露的批判，当然会触怒那些受到讽刺的人们。正像民间俗语所说，"说着病，不要命"。讽刺一旦击中了某些人的要害，他们一定会暴跳如雷。用今天的话说，就是肯定会有人来对号入座。果然，被白居易讽刺的宦官、权贵们一个个都暴跳如雷了。白居易在《与元九书》中具体记载了他们的丑态："闻《秦中吟》,则权豪贵近者相目而变色矣。闻《乐游园》寄足下诗,则执政柄者扼腕矣。闻《宿紫阁村》诗,则握军要者切齿矣。""相目而变色"是互相示以眼色,脸色大变;"扼腕"是用一只手握住自己另一只手的手腕,是古人表示愤慨的习惯性动作;"切齿"就是咬牙切齿。请看那些权贵们愤怒到了何等地步!白居易在元和十年(815)遭到朝中权贵的诬陷打击,不但没人帮他说话,反而有人落井下石,其原因就是白居易的奏状与讽谕诗深深地刺痛了许多权贵的神经。这从反面证明白居易的讽谕诗真正起到了反映民情、干预政治的良好作用,这是文学的社会功能的最好体现。从《诗经》、汉乐府到杜诗,中国古典诗歌有一个非常优秀的传统,就是直面社会现实、揭露民生疾苦,白居易继承了这个传统,而且有所发扬光大。在这个意义上,白居易的讽谕诗不但堪称唐诗中的精品,而且是整个古典诗歌中不可多得的精华部分。

前不久,德国汉学家顾彬尖锐地批评中国的当代文学,他提出了两条主要理由,其中第一条是中国作家大多不懂外语,这一点我认为不得要领,因为不懂外语绝不是中国作家的缺点。中国作家以中国的生活为创作土壤,干吗非要精通外语?德国的文学家有几人能懂中文,难道这能成为批评他们的理由？但是顾彬的第二条理由，即中国当代作家很少反映当下的社会现实，则是击中要害的金玉良言。优秀的文学家应该关注社会，他们应该对社会的不公正现象进行尖锐地批判，他们应该对社会上的不幸人群怀有深切的同情和关爱，他们应该为消除社会弊端做出应有的贡献。描写风花雪月的诗歌当然也是有其价值的，但是就整个文坛来说，绝对不能只有风花雪月而缺少对民生疾苦的关注。在这个意义上，白居易的讽谕诗至今仍有深远的教育意义。

　　白居易的讽谕诗大多写于他在长安任谏官的时期内，等到他被贬谪江州之后，讽谕诗的写作便基本停止了。那么，白居易在江州所写的诗歌还有重大的价值吗？

附 录

杜 陵 叟
伤农夫之困也

杜陵叟,杜陵居,岁种薄田一顷余。
三月无雨旱风起,麦苗不秀多黄死。
九月降霜秋早寒,禾穗未熟皆青干。
长吏明知不申破,急敛暴征求考课。
典桑卖地纳官租,明年衣食将何如?
剥我身上帛,夺我口中粟,
虐人害物即豺狼,何必钩爪锯牙食人肉!
不知何人奏皇帝,帝心恻隐知人弊。
白麻纸上书德音,京畿尽放今年税。
昨日里胥方到门,手持敕牒榜乡村。
十家租税九家毕,虚受吾君蠲免恩。

卖 炭 翁
苦宫市也

卖炭翁,伐薪烧炭南山中。

满面尘灰烟火色,两鬓苍苍十指黑。
卖炭得钱何所营?身上衣裳口中食。
可怜身上衣正单,心忧炭贱愿天寒。
夜来城外一尺雪,晓驾炭车辗冰辙。
牛困人饥日已高,市南门外泥中歇。
翩翩两骑来是谁?黄衣使者白衫儿。
手把文书口称敕,回车叱牛牵向北。
一车炭重千余斤,宫使驱将惜不得。
半匹红纱一丈绫,系向牛头充炭直。

井底引银瓶

井底引银瓶,银瓶欲上丝绳绝。
石上磨玉簪,玉簪欲成中央折。
瓶沉簪折知奈何?似妾今朝与君别。
忆昔在家为女时,人言举动有殊姿。
婵娟两鬓秋蝉翼,宛转双蛾远山色。
笑随戏伴后园中,此时与君未相识。
妾弄青梅凭短墙,君骑白马傍垂杨。
墙头马上遥相顾,一见知君即断肠。
知君断肠共君语,君指南山松柏树。

感君松柏化为心，暗合双鬟逐君去。
到君家舍五六年，君家大人频有言。
聘则为妻奔是妾，不堪主祀奉蘋蘩。
终知君家不可住，其奈出门无去处。
岂无父母在高堂？亦有亲情满故乡。
潜来更不通消息，今日悲羞归不得。
为君一日恩，误妾百年身。
寄言痴小人家女，慎勿将身轻许人！

编集拙诗成一十五卷，因题卷末，戏赠元九、李二十

一篇《长恨》有风情，十首《秦吟》近正声。
每被老元偷格律，苦教短李伏歌行。
世间富贵应无分，身后文章合有名。
莫怪气粗言语大，新排十五卷诗成。

伤 宅

谁家起甲第，朱门大道边。丰屋中栉比，高墙外回环。

累累六七堂，栋宇相连延。一堂费百万，郁郁起青烟。
洞房温且清，寒暑不能忓。高堂虚且迥，坐卧见南山。
绕廊紫藤架，夹砌红药栏。攀枝摘樱桃，带花移牡丹。
主人此中坐，十载为大官。厨有臭败肉，库有贯朽钱。
谁能将我语，问尔骨肉间。岂无穷贱者，忍不救饥寒？
如何奉一身，直欲保千年？不见马家宅，今作奉诚园！

不 致 仕

七十而致仕，礼法有明文。何乃贪荣者，斯言如不闻？
可怜八九十，齿堕双眸昏。朝露贪名利，夕阳忧子孙。
挂冠顾翠緌，悬车惜朱轮。金章腰不胜，伛偻入君门。
谁不爱富贵，谁不恋君恩？年高须告老，名遂合退身。
少时共嗤诮，晚岁多因循。贤哉汉二疏，彼独是何人？
寂寞东门路，无人继去尘。

立 碑

勋德既下衰，文章亦陵夷。但见山中石，立作路旁碑。
铭勋悉太公，叙德皆仲尼。复以多为贵，千言直万赀。

为文彼何人？想见下笔时。但欲愚者悦，不思贤者嗤。
岂独贤者嗤，仍传后代疑。古石苍苔字，安知是愧词！
我闻望江县，鞠令抚茕嫠。在官有仁政，名不闻京师。
身殁欲归葬，百姓遮路歧。攀辕不得归，留葬此江湄。
至今道其名，男女涕皆垂。无人立碑碣，唯有邑人知。

轻　肥

意气骄满路，鞍马光照尘。借问何为者？人称是内臣。
朱绂皆大夫，紫绶或将军。夸赴军中宴，走马去如云。
樽罍溢九酝，水陆罗八珍。果擘洞庭橘，脍切天池鳞。
食饱心自若，酒酣气益振。是岁江南旱，衢州人食人！

买　花

帝城春欲暮，喧喧车马度。共道牡丹时，相随买花去。
贵贱无常价，酬直看花数。灼灼百朵红，戋戋五束素。
上张幄幕庇，旁织笆篱护。水洒复泥封，移来色如故。
家家习为俗，人人迷不悟。有一田舍翁，偶来买花处。
低头独长叹，此叹无人谕。一丛深色花，十户中人赋！

道 州 民

道州民，多侏儒，长者不过三尺余。
市作矮奴年进送，号为道州任土贡。
任土贡，宁若斯？
不闻使人生别离，老翁哭孙母哭儿。
一自阳城来守郡，不进矮奴频诏问。
城云臣按六典书，任土贡有不贡无。
道州水土所生者，只有矮民无矮奴。
吾君感悟玺书下，岁贡矮奴宜悉罢。
道州民，老者幼者何欣欣！
父兄子弟始相保，从此得作良人身。
道州民，民到于今受其赐，欲说使君先下泪。
仍恐儿孙忘使君，生男多以"阳"为字。

第五讲
《琵琶行》为何感动我们

白居易在江州

元和十年（815）七月下旬，白居易踏上了贬谪江州的路程。白居易忠而见谤，满腔冤愤，一天他登上商州地界的望秦岭，勒马回头，眺望长安，感慨万分，吟诗说："草草辞家忧后事，迟迟去国问前途。望秦岭上回头立，无限秋风吹白须！"（《初贬官过望秦岭》）此时白居易正在44岁的壮年，本来应在政治上大有作为，以实现他的人生理想，可是竟然为了武元衡被刺后首先上书之事得罪了宦官和权臣，被加上莫须有的"不孝"罪名，从翰林学士被贬到偏远的江州去当一个司马。江州算是上州，州司马的品级为从五品下，不算太低，官俸也足以养家糊口。但是按唐代的制度，州司马基本上是个闲职，甚至主要是用来安排贬斥官员的，所以参加永贞革新的柳宗元、刘禹锡等八人都被贬为远州司马，他们和王伾、王叔文并称"二王八司马"。从人称"内相"的翰林学士被贬为远州司马，其政治地位之下降简直不可以道里计。这对于胸怀兼济之志的白居易来说，当然会引起极大的失落感。难怪他站在望秦岭上黯然销魂，只觉得阵阵秋风吹动他的白须！

果然，到了江州之后，白居易基本上无事可做，因为州司马根本就是个闲差。白居易在江州度过了三年半的岁月，基本上没有什么政绩可言，他的思想也从早年的志在兼济天下而转向独善其身，也就是变得比较消极、内敛。他在江州度过三个春秋之后，写了一篇《江州司马厅记》，满腹牢骚地说："州民康，非司马功；郡政坏，非司马罪。无言责，无事忧。噫！为国谋，则尸素之尤蠹者；为身谋，则禄仕之优稳者。"就是说江州的政务是好是坏，都与他这个司马毫无关系。他只是个尸位素餐的蠹虫而已。对于一个胸怀大志的士人来说，这种处境是多么百无聊赖！但是白居易在江州的岁月并不是毫无意义地度过的，他在江州留下了光耀千古的重要遗迹，请问那又是什么呢？

白居易在江州附近的庐山建造了一座草堂，那是一座

"三间两柱,二室四牖"(《草堂记》)的简易别墅。白居易本人非常喜爱这座草堂,他曾写了一篇情文并茂的《草堂记》,详细记载了草堂的内外景色和他在草堂里逍遥自在的生活。在白居易的散文作品中,这篇《草堂记》是被人传诵最广的一篇名文。即使在他离开江州以后,白居易还再三在诗歌中怀念这座草堂,直到69岁那年,还写了《寄题庐山旧草堂兼呈二林寺道侣》一诗。然而,物质形态的建筑物总会随着岁月的流逝而损坏、消失,三百多年以后,南宋的朱熹来到庐山,发现白氏草堂倾坏已久。等到千年以后,白居易亲手创建的庐山草堂早已不见踪影。清代诗人查慎行来到原址寻找庐山草堂,只看到荒草丛中藏着野鼠而已。(《香炉峰下寻香山草堂故址》:"北有草堂址,荒榛穴鼪鼯。")但是在江州还有另一座与白居易有关的建筑物却留存至今,它也因白居易而得名,但并不是白居易亲手建造的。那又是一座什么样的建筑呢?原来就是浔阳江边的琵琶亭。琵琶亭是晚唐人为了纪念白居易在此写出杰出诗篇《琵琶行》而修建的,从宋代诗人夏竦、张耒,到明代诗人杨基、清代诗人查慎行,都曾在这座亭子里作诗缅怀白居易。其中以张耒的诗写得最好,他说:"司马风流映千古,当日琵琶传乐府。江山寂寞三百年,浔阳风月知谁主?"(《题江州琵琶亭》)意思是白居易这位江州司马的风流举止光耀千古，自从他离去以后，江山寂寞，浔阳江上的风月再也无人做主了！白居易亲手建造的草堂早已湮灭无遗，后人为纪念他的一首诗歌而建成的琵琶亭却留存至今，这就是非物质文化遗产的强大力量！像《琵琶行》那样的杰出诗篇是与日月争辉，与天地同寿的，是永远存活在后人心中的，所以为了纪念白居易写作《琵琶行》而修建的琵琶亭虽然迭经战火，但是屡毁屡建，直到今天仍然矗立在九江市的江边。一代又一代的后人来到这里凭吊白居易的流风遗韵，缅怀白居易当年夜听琵琶、泪湿青衫的动人经历，从而接受审美情趣与道德情操两方面的熏陶。由此可见，白居易在江州的三年绝不是徒然虚度的，因为他在江州写出了《琵琶行》！

《琵琶行》的故事

那么，《琵琶行》究竟好在哪里呢？为什么一首诗歌竟能在它的诞生地留下一处千古名胜呢？让我们从《琵琶行》的内容说起。

《琵琶行》中描写的那个身怀绝技的琵琶女姓甚名谁？白居易并没有告诉我们。但是有人说她名叫裴兴奴。元代剧作家马致远写了一个有名的杂剧,题为《江州司马青衫泪》,内容的梗概是:白居易在长安为官时结识了擅长琵琶的歌妓裴兴奴,两人相爱。不久白居易被贬江州,与裴兴奴分离时相约永不负心。后来贩茶的富商刘一郎看中了裴兴奴,就买通了老鸨,派人假扮白居易贬谪地的信差,对裴兴奴谎称白居易得了重病,临终前派他前来送信,让裴兴奴"勿以死者为念,另结良缘",还说白居易写完信后就一命呜呼了。裴兴奴无法,只好嫁给刘一郎。后来白居易与元稹一起在江州船上饮酒,听到邻船传来琵琶声,请出弹奏者相见,发现就是随着刘一郎到江州贩茶的裴兴奴。于是裴、白两人私奔逃走。最后,元稹回朝向唐宪宗禀明实情,白居易被唐宪宗召回朝廷,裴兴奴也被断归白居易,有情人终成眷属。云云。

上面的说法是事实吗?白居易在江州遇到的那位琵琶女果真名叫裴兴奴吗?裴兴奴,唐代确有其人,她是一位属于"疏勒裴氏"的胡女,而且的确是一位琵琶高手。裴兴奴的琵琶弹奏艺术与曹刚齐名,人称:"曹刚有右手,兴奴有左手。"意思是曹刚善于运拨,力量体现在右手上;兴奴则善于拢捻,拢就是叩弦,捻就是揉弦,技巧体现在左手上。这与《琵琶行》中所说的"轻拢慢捻抹复挑"倒是一致的。顺便说一句,《琵琶行》的《序》中说琵琶女自称

"尝学琵琶于穆、曹二善才",可见她的琵琶技艺是与曹刚同一流派的。当时有曹家三代皆擅长琵琶:曹保保,其子曹善才,其孙曹刚。问题是裴兴奴与白居易恋爱的事情则纯属虚构,这是古代的"戏说",不足为据。白居易是名闻海内的大诗人,裴兴奴是名震长安的名妓,这样的两个人物,当然最容易使人们产生风流韵事的丰富联想。除了元朝马致远的戏说之外,明朝也有人来戏说一番。明人顾大典写了一个杂剧叫《青衫记》,内容更加荒诞不经,说白居易在长安时与刘禹锡、元稹一起到名妓裴兴奴家游玩,白居易与裴兴奴一见钟情,白居易当场脱下身上的青衫送进当铺,典衣得钱来请大家饮酒。后来长安兵乱,裴兴奴逃难之前赎出青衫,又经过一番颠沛流离,才与白居易破镜重圆。由此可见,现今银幕或电视屏幕上"戏说"成风,也是由来已久了。其实裴兴奴与曹刚一样,都是当时的宫廷乐人,是要经常为皇家演奏的,白居易听听她的演奏是可以的,但是岂能将她占为己有!其实《琵琶行》中说得清清楚楚,那位在浔阳江头夜弹琵琶的女子与白居易素昧平生,所以白居易才会有"同是天涯沦落人,相逢何必曾相识"的慨叹。而且正因为《琵琶行》的主题是"同是天涯沦落人,相逢何必曾相识",它才能感动千古至今的读者。要是所写的是一个才子佳人悲欢离合的老套故事,它的意义就要大打折扣了。

戏剧家的"戏说"无助于我们解读《琵琶行》,那么,学者的严肃思考又如何呢?让人哭笑不得的是,有的时候,学者过于严肃的道德审视也会影响我们对诗歌的解读,《琵琶行》就曾经受到这样的审视。让我们看几个例子。

南宋人洪迈在他的名著《容斋随笔》中首先对白居易写作《琵琶行》的本事进行质疑。他说:"白乐天《琵琶行》,盖在浔阳江上,为商人妇所作。而商乃买茶于浮梁,妇对客奏曲,乐天移船,夜登其舟与饮,了无所忌。岂非以其长安故倡女不以为嫌邪?"(《容斋三笔》卷6)后来清代的赵翼也有类似的质疑:"《琵琶行》亦是绝作。然身为本郡上佐,送客到船,闻邻船有琵琶女,不问良贱,即呼使奏技,此岂居官者所为?岂唐时法令疏阔若此耶?"(《瓯北诗话》卷4)的确,在古代,陌生的男女之间是不能自由交往的,白居易身为本地官员,竟然在夜晚让一个陌生的民女为他奏乐侑酒,毫无瓜田李下的顾忌,洪迈、赵翼的说法似乎不无道理。更加严厉地指责白居易的是南宋诗人戴复古,他有一首诗也题作《琵琶行》,诗中先简单地叙述了白居易《琵琶行》中的情节,然后说:"白乐天,白乐天,平生多为达者语。至此胡为不释然?弗堪谪宦便归去,庐山政接柴桑路。不寻黄菊伴渊明,忍泣青衫对商妇。"意思是即使白居易写《琵琶行》是为了发泄天涯沦落的失意之感，但是既然你平生多有旷达的话，为何一贬江州就不能忍受了呢？况且江州离陶渊明隐居的柴桑很近，你应该仿效陶渊明的榜样辞官归隐啊！为什么不去与陶渊明做伴，一起采菊东篱，却反而对着一个商人之妇泪湿青衫？让我们看看这几位学者对白居易的指责是否合理。

首先，白居易在江州时并不是"不寻黄菊伴渊明"，他并不是没有想起古代曾隐居在附近的陶渊明。白居易早就仰慕陶渊明的高风亮节，几年前他在下邽服丧期间，就曾写过《效陶体诗》十六首。他在元和十年（815）初冬到达江州，第二年二月就专门前往寻访陶渊明的故居，那时他还没有写《琵琶行》呢。白居易此次寻访陶渊明故宅的过程，都写进了那首《访陶公旧宅》，诗中对人格高尚的古代隐士陶渊明表示了由衷的仰慕："今来访故宅，森若君在前。不慕樽有酒，不慕琴无弦。慕君遗荣利，老死此丘园。柴桑古村落，栗里旧山川。不见篱下菊，但余墟中烟。子孙虽无闻，族氏犹未迁。每逢姓陶人，使我心依然。"请看，当白居易来到陶渊明的故居，竟然仿佛亲眼看到了陶渊明的高大形象。虽然故居的东篱之下已经没有菊花，但是山川村落还是陶诗中所描写的那种形貌。虽然柴桑一带已经找不到陶渊明的直系后裔，但是当地还有不少人家姓陶，白居易每逢姓陶的人，便心生依恋之情。请问这不是仰慕陶渊明又是什么？

必须指出的是，即使一个后人衷心仰慕某位前贤，也不必时时刻刻总想着他，并且时时刻刻念叨着他吧？白居易在江州生活了三年半的时间，写作的诗歌作品接近三百首，总不能每一首诗中都抒发对陶渊明的仰慕吧？所以戴复古对白居易的指责，真是没有道理。人都有七情六欲，唐代的士大夫都有声色的爱好，像白居易那样的风流才子，即使在贬谪生涯中，也难免要喝喝酒、听听音乐，所以他在浔阳江头送客的时候，听到美妙的琵琶声而循声寻访弹奏者，又有什么不对呢？难道要让白居易在浔阳江头夜送客的时候也一心想着陶渊明不成？况且正像这首《访陶公旧宅》里所说的，陶渊明平时虽也会寄心音乐，但是他所弹的那张琴上是没有一根弦的。据沈约的《宋书·隐逸传》中的记载，陶渊明"不解音声，而畜素琴一张，无弦。每有酒适，辄抚弄以寄其意"。我相信当陶渊明抚弄那张没有琴弦的素琴时，他并不是在装神弄鬼，他自己心中肯定有一种虚拟的音乐，但是别人是肯定听不见的。所以当白居易在浔阳江头设酒送客而无人奏乐时，是不能用陶渊明那样的无弦之琴来充数的。此时此刻，他耳闻美妙的琵琶声而前往寻访，又有什么值得大惊小怪的呢？

白居易写作《琵琶行》的背景

白居易在浔阳江头邀请那位商女弹奏琵琶，洪迈说是"夜登其舟与饮，了无所忌"，这话近于造谣。也许洪迈自己也觉得这样理解有问题，所以他又说："白乐天《琵琶行》一篇，读者但羡其风致，敬其词章，至形于乐府，咏歌之不足，遂以谓真为长安故倡所作。予窃疑之。唐世法网虽于此为宽，然乐天尝居禁密，且谪官未久，必不肯乘夜入独处妇人船中，相从饮酒，至于极弹丝之乐，中夕方去。岂不虞商人者它日议其后乎？乐天之意，直欲抒写天涯沦落之恨尔。"（《容斋五笔》卷7）也就是干脆说白居易的《琵琶行》并不是真的为"长安故倡"所作，而只是自抒怀抱而已。洪迈虽然没用"虚构"一词，但言下之意就是《琵琶行》中关于白居易夜听商女弹奏琵琶之事并非事实。其实，白居易根本没有夜登商人妇的商船听其弹奏，因为这件事情的唯一记录就是《琵琶行》，让我们看看《琵琶行》里是怎么说的："移船相近邀相见，添酒回灯重开宴。千呼万唤始出来，犹抱琵琶半遮面。"那位商女应邀登上白居易所送客人的客舟了吗？或者说白居易与客人登上商女所居住的商船了吗？诗中一字未及，洪迈又何从得知？

照情理推测，当时的情节有两种可能。一种是像陈寅恪所推测的：白居易让人把两条船靠在一起，然后琵琶女应邀登上白居易送客的客船。另一种则是琵琶女走出船舱坐在自家的船头，白居易则与客人待在客船上。两船相靠，并不妨碍他们欣赏琵琶。无论是哪一种情形，反正不可能是白居易与客人一起登上商女的船，因为他们不可能，也没有必要把一桌酒席抬到商船上去在那里饮酒。诗中写到的商女的活动，除了弹奏琵琶之外，就是"沉吟放拨插弦中，整顿衣裳起敛容"，然后说出一番伤心话来。她几曾与白居易及客人一起饮酒？虽然《琵琶行》的《序》中说到"遂命酒，使快弹数曲"的话，但那只是白居易叫人重摆酒席，让他与客人一边听琵琶，一边痛快地饮酒而已。况且当时在场的人不但有白居易所送的客人，以及听从白居易之命安排酒菜的仆人，还有"东船西舫悄无言"的邻舟之人，这几乎是一次小型的露天琵琶演奏会。白居易与众人一起，在清风明月的户外演出场地欣赏琵琶女的弹奏，并与她有一番交谈，如此而已，岂有他哉！如果因此而怀疑白居易夜入民妇独处的商船而且怀有什么不良的企图，当然是以小人之心度君子之腹。如果因此而为白居易斤斤辩诬，也是多此一举。

洪迈也好，赵翼也好，都说到白居易在写《琵琶行》

之前还写过一首内容相似的诗,题目是《夜闻歌者》,全诗如下:"夜泊鹦鹉洲,秋江月澄澈。邻船有歌者,发调堪愁绝。歌罢继以泣,泣声通复咽。寻声见其人,有妇颜如雪。独倚帆樯立,娉婷十七八。夜泪如真珠,双双堕明月。借问谁家妇?歌泣何凄切?一问一沾襟,低眉终不说。"这首诗作于元和十年(815)秋,当时白居易从长安前往江州,路经鄂州(今湖北武汉),泊船于鹦鹉洲。也就是说,《夜闻歌者》的写作比《琵琶行》早一年。从内容来看,《琵琶行》几乎就是《夜闻歌者》的繁本,不过十七八岁的少妇变成了年已老大的商人妇,唱歌则变成了弹奏琵琶,低首无言则变成了自诉生平。对于《夜闻歌者》这首诗,洪迈、赵翼都有所批评,洪迈说白居易的举动有"瓜田李下之疑",对此,清代的何义门说:"亦自谓耳,容斋之语真痴绝。"意思是白居易并没有真的在鹦鹉洲头听到一位少妇夜间唱歌,他不过是虚构了这样的内容来自抒怀抱而已,所以洪迈的话简直是犯傻。上面说过,其实洪迈自己也有过这样的解读,他也曾认为白居易在《琵琶行》中叙述的故事可能出于虚构。当然,洪迈的解说也好,何义门的解说也好,都不过是一家之言,也许白居易在那夜果真听到有人唱歌,果真见到一位独自幽咽的娉婷少妇。但是无论如何,白居易写作此诗肯定是为了自抒怀抱。也就是前人所说的"借古人之酒杯,浇自身之块垒"。诗人对那位月夜独歌的少妇的同情,其实也就是对自身无端遭贬、漂泊江湖的不幸遭遇的自怜自惜。

其实,唐代的社会风气是相当开放的。在唐代,文人学士与青楼歌妓互相交往是再平常不过的事情。白居易在长安时确曾与不少歌妓有过交往,他在诗歌中对此并不讳言。所以,白居易在江边送客时请出那位已经成为商人妇的"长安故倡"来弹奏一曲,这也是再平常不过的事。正如陈寅恪所说:"皆当日社会舆论所视为无足轻重,不必顾忌者也。"(《元白诗笺证稿》第二章)既然社会舆论认为此类事情无足轻重,白居易与他所送的客人在请出琵琶女时就不会有什么顾忌。

《琵琶行》为何感人?

可以说,白居易江边送客,邂逅一位"长安故倡",并请她弹奏一曲琵琶,这件事情并无重大的意义,也没有曲折离奇的情节,它只是白居易在江州的贬谪生涯中偶然发生的一个小插曲而已。那么这件小事情怎么会引出了一首千古绝唱呢?或者说,《琵琶行》的成功之奥秘究竟在于何处呢?

我们首先会想到的原因是其高超的艺术技巧。无论是叙事、抒情，还是描写，《琵琶行》都达到了炉火纯青的化境。先看叙事：诗人在浔阳江头送别客人，酒酣耳热之际，却缺少丝竹助兴。正当主客双方都觉得郁郁寡欢，打算就此分手的时候，忽然从邻舟传来一阵天乐般的琵琶声，于是主客一起循声寻访，终于请出了弹奏琵琶的那位商妇。等到一曲弹毕，琵琶女自诉生平，引起了诗人的深切共鸣，因为双方都是沦落天涯的失意之人。在叙事上层层深入，环环相扣，引人入胜。

再看抒情：琵琶女的伤今抚昔、自感身世，白居易的漂泊江湖、自伤怀抱，都可谓字字是血，声声是泪，感人至深。《琵琶行》全诗便沉浸在一种浓郁的伤感的抒情氛围之中。即使是小序中的"曲罢悯默。自叙少小时欢乐事，今漂沦憔悴，转徙于江湖间。予出官二年，恬然自安，感斯人言，是夕始觉有迁谪意"这一小段文字，也富有抒情意味，读来感人肺腑。

《琵琶行》最为人称道的则是其描写：比如琵琶女的姿态，刚出船舱时是"犹抱琵琶半遮面"，一曲弹毕后是"整顿衣裳起敛容"，活画出一个已嫁作商人妇的"长安故倡"在几位地方官员面前的举止，栩栩如生。又如浔阳江边的那轮秋月，白居易送客将别时是"别时茫茫江浸月"，琵琶女一曲弹毕后则是"唯见江心秋月白",琵琶女自述独守空船的失意则是"绕船月明江水寒",寥寥数句,却使一轮秋月如在目前。江中秋月仅是全诗的一个点缀,却给读者留下了难忘的印象。我每当看到水中月影,就不由自主地想起这几句诗。

《琵琶行》中最出色的描写当然是琵琶声。众所周知,音乐之妙,本是难以诉诸文字的,因为它们毕竟是两种完全不同的艺术门类。简而言之,诗歌是诉诸视觉的,是有相当具体的物象的;而音乐则是诉诸听觉的,是相当抽象的。用诗歌来吟咏音乐,当然具有相当的难度。即使是唐诗中描写音乐的那些名篇,例如李颀的《琴歌》《听董大弹胡笳兼语弄寄房给事》《听安万善吹觱篥歌》,这三首都是被选进《唐诗三百首》的咏乐名篇,可是我们试读其诗,毕竟很难得到具体清晰的听觉感受。《琵琶行》就不同了,《琵琶行》中对琵琶声的描写,简直出神入化,使人仿佛亲临其境、亲闻其声。我相信凡是读过《琵琶行》的读者都永远不会忘记这一段奇妙入神的句子:"大弦嘈嘈如急雨,小弦切切如私语。嘈嘈切切错杂弹,大珠小珠落玉盘。间关莺语花底滑,幽咽泉流冰下难。冰泉冷涩弦凝绝,凝绝不通声暂歇。别有幽愁暗恨生,此时无声胜有声。银瓶乍破水浆迸,铁骑突出刀枪鸣。曲终收拨当心画,四弦一声如裂帛。"什么叫"绘声绘色"？《琵琶行》中的描写就是绘声绘色！

上述诗句都是早已深入人心的名句，不用我再来多讲。只有"幽咽泉流冰下难"一句要稍讲几句，因为有些朋友看到的本子也许是"幽咽泉流水下滩"。"冰下难"也好，"水下滩"也好，在版本学上都是有根据的，也就是说这两种文本在白居易诗集的不同版本中都曾出现过，这是所谓的异文。清代的著名学者段玉裁认为应该取前一种文本，他的理由是："'泉流水下滩'不成语，且何以与上句属对？……'难'与'滑'对，'难'者，'滑'之反也。莺语花底，泉流冰下，形容涩滑二境，可谓工绝。"(《与阮芸台书》，《经韵楼集》卷8)的确，水流下滩，一般是相当顺畅的，不会产生"涩"的感觉。只有冰下的暗流才会流得不顺畅，从而与"莺语花底滑"互相对立。段玉裁从对仗的角度来取舍这处异文，非常合理，我们还可以顺着他的思路再补充一点："水下滩"中的"下"是"流下"的意思，是个动词；而"冰下难"中的"下"是"底下"的意思，是个表示方位的介词。而上句中"花底滑"中的"底"也是个介词，从对仗工整的角度来看，下句也应该作"冰下难"。"间关莺语花底滑，幽咽泉流冰下难"这二句诗，上句说琵琶声轻快顺畅、娇柔优美，下句则是说琵琶声变得悲抑哽塞，凝涩不畅，这说明琵琶女的弹奏风格多变，曲中蕴涵的情感也丰富多变。要是下句作"水下滩"，则两句诗都是形容琵琶声的顺畅滑溜，那就索然寡味了。

顺便说一句，对于古代的作品，我们可以根据文意取舍不同的异文。比如在《唐诗三百首》等通行唐诗选本中，《琵琶行》的序言都说全诗"凡六百一十二言"，就是全诗共有六百一十二个字。凡是对数学比较敏感的读者一下就会发现"六百一十二"这个数字有问题，因为《琵琶行》全篇都是七言句，而612是除不尽7的。其实全诗共八十八句，当然共有六百一十六个字。所以我们应该根据《文苑英华》等典籍把此处的"六百一十二言"改成"六百一十六言"。

尽管《琵琶行》的艺术成就如此之高，但我还是认为它所以会感动千古读者的奥秘并不在此。高超的艺术水准会使读者由衷钦佩，但不能使读者深受感动。感动读者的唯一因素只能是作品中蕴涵的情感。那么，《琵琶行》使我们深受感动的究竟是什么情感呢？简单地说，就是"同是天涯沦落人，相逢何必曾相识"！琵琶女是一个"长安故倡"，她年少时曾名动京师，生活中充满了欢笑。待到人老珠黄，嫁为商人妇，只能独守空船。两种生活状态之间存在巨大的落差，从而在她的心理上产生了巨大的失落感。白居易则是一位才高志大的士大夫,他曾在朝廷里担任翰林学士的重要职务,如今却被贬到偏远的江州当一个司马的闲差,他的心里也充满着失意和漂泊的情愫。琵琶女只是一个供人娱乐的歌妓,白居易却是身为朝廷命官的士大夫,两人的身份本来是天差地别的。可是"异质同构"的命运使他们偶然相逢,也使他们之间产生了真诚的共鸣和同情。当琵琶女最后用琵琶声诉说心事,弹奏出"凄凄不似向前声"的时候,为什么"座中泣下谁最多,江州司马青衫湿"?原因就在于这里。说到这里,我不禁想起了鲁迅先生的一句名言。鲁迅说:"贾府上的焦大,也不爱林妹妹的。"(《"硬译"与"文学的阶级性"》)如果鲁迅所说的"爱"只指男女之间的爱情,这话是不错的,贾府里的焦大多半不会爱上林黛玉。但是如果这个"爱"指广义的爱,是包括同情心在内的爱心,那就不一定对了,因为社会地位的差异并不妨碍焦大对林妹妹心存同情。反过来也是一样,林黛玉也完全可能同情焦大。同情是一切善良的人们都能具备的本性,共鸣则是有着相似经历的人们都能产生的情感,社会地位的高下、文化修养的高低,贫富贵贱,都不会从根本上阻止人与人之间的这种情感交流。一千二百年前的白居易与琵琶女之间就产生了这样的情感交流,这种情感与男女之爱没有关系,与功利目的更是毫不沾边，所以它纯洁、真挚、感人。

我坚信，《琵琶行》最感动我们的就是渗透在全篇字里行间的同情心，全诗最有意义的警句就是："同是天涯沦落人，相逢何必曾相识。"亲爱的朋友，即使你漂泊到天涯海角，即使你感到举目无亲，只要你怀着善良的情怀，你就一定会在陌生的人群中发现共鸣，得到同情。让我们永远牢记"同是天涯沦落人，相逢何必曾相识"的动人诗句吧！这种美好的情怀会给陌生的环境增添一丝亮色，会给孤独的心灵带来一缕暖意，我们真该为了这两句美好的诗句而对白居易说一声"谢谢"！

附　录

访陶公旧宅　并序

予夙慕陶渊明为人，往岁渭川闲居，尝有《效陶体诗》十六首。今游庐山，经柴桑，过栗里，思其人，访其宅，不能默默，又题此诗云。

垢尘不污玉，灵凤不啄膻。呜呼陶靖节，生彼晋宋间。心实有所守，口终不能言。永惟孤竹子，拂衣首阳山。夷齐各一身，穷饿未为难。先生有五男，与之同饥寒。肠中食不充，身上衣不完。连征竟不起，斯可谓真贤。我生君之后，相去五百年。每读《五柳传》，目想心拳拳。昔常咏遗风，著为十六篇。今来访故宅，森若君在前。不慕樽有酒，不慕琴无弦。慕君遗荣利，老死此丘园。柴桑古村落，栗里旧山川。不见篱下菊，但余墟中烟。子孙虽无闻，族氏犹未迁。每逢姓陶人，使我心依然。

夜闻歌者

夜泊鹦鹉洲，秋江月澄澈。邻船有歌者，发调堪愁绝。

歌罢继以泣，泣声通复咽。寻声见其人，有妇颜如雪。
独倚帆樯立，娉婷十七八。夜泪如真珠，双双堕明月。
借问谁家妇？歌泣何凄切？一问一沾襟，低眉终不说。

琵琶行 并序

元和十年，予左迁九江郡司马。明年秋，送客湓浦口，闻舟中夜弹琵琶者，听其音，铮铮然有京都声。问其人，本长安倡女，尝学琵琶于穆、曹二善才，年长色衰，委身为贾人妇。遂命酒，使快弹数曲，曲罢悯默。自叙少小时欢乐事，今漂沦憔悴，转徙于江湖间。予出官二年，恬然自安，感斯人言，是夕始觉有迁谪意。因为长句，歌以赠之，凡六百一十二言，命曰《琵琶行》。

浔阳江头夜送客，枫叶荻花秋瑟瑟。
主人下马客在船，举酒欲饮无管弦。
醉不成欢惨将别，别时茫茫江浸月。
忽闻水上琵琶声，主人忘归客不发。
寻声暗问弹者谁？琵琶声停欲语迟。
移船相近邀相见，添酒回灯重开宴。
千呼万唤始出来，犹抱琵琶半遮面。

转轴拨弦三两声,未成曲调先有情。
弦弦掩抑声声思,似诉平生不得志。
低眉信手续续弹,说尽心中无限事。
轻拢慢捻抹复挑,初为《霓裳》后《绿腰》。
大弦嘈嘈如急雨,小弦切切如私语。
嘈嘈切切错杂弹,大珠小珠落玉盘。
间关莺语花底滑,幽咽泉流冰下难。
冰泉冷涩弦凝绝,凝绝不通声暂歇。
别有幽愁暗恨生,此时无声胜有声。
银瓶乍破水浆迸,铁骑突出刀枪鸣。
曲终收拨当心画,四弦一声如裂帛。
东船西舫悄无言,唯见江心秋月白。
沉吟放拨插弦中,整顿衣裳起敛容。
自言本是京城女,家在虾蟆陵下住。
十三学得琵琶成,名属教坊第一部。
曲罢曾教善才伏,妆成每被秋娘妒。
五陵年少争缠头,一曲红绡不知数。
钿头云篦击节碎,血色罗裙翻酒污。
今年欢笑复明年,秋月春风等闲度。
弟走从军阿姨死,暮去朝来颜色故。
门前冷落鞍马稀,老大嫁作商人妇。

商人重利轻别离，前月浮梁买茶去。
去来江口守空船，绕船月明江水寒。
夜深忽梦少年事，梦啼妆泪红阑干。
我闻琵琶已叹息，又闻此语重唧唧。
同是天涯沦落人，相逢何必曾相识。
我从去年辞帝京，谪居卧病浔阳城。
浔阳地僻无音乐，终岁不闻丝竹声。
住近湓江地低湿，黄芦苦竹绕宅生。
其间旦暮闻何物？杜鹃啼血猿哀鸣。
春江花朝秋月夜，往往取酒还独倾。
岂无山歌与村笛？呕哑嘲哳难为听。
今夜闻君琵琶语，如听仙乐耳暂明。
莫辞更坐弹一曲，为君翻作《琵琶行》。
感我此言良久立，却坐促弦弦转急。
凄凄不似向前声，满座重闻皆掩泣。
座中泣下谁最多？江州司马青衫湿。

第六讲
地方官白居易

初着"绯袍"的忠州太守

元和十三年(818)十二月,白居易接到了朝廷的敕书,被任命为忠州刺史,这意味着长达三年的贬谪生涯终于结束了。忠州就是今天重庆的忠县,地处三峡上游的长江边,人口不足五万,是个下州,地理环境和行政地位都不如江州。然而白居易在江州的职务是闲差"司马",而在忠州的职务则是刺史,是掌管一州行政的地方最高长官,这当然是升迁。所以新的任命下达以后,白居易身上的那件青衫就换成了绯红色的官袍,就是所谓的"着绯"。这里要说明一下,唐代官员穿什么颜色的官服,是有严格规定的。在各种颜色的官服中，紫色最为高贵，其次是绯，也就是红色。再次是绿色，最低才是青色。《旧唐书》中专设《舆服志》，明文规定：三品以上服紫，四品服深绯，五品服浅绯，六品服深绿，七品服浅绿，八品服深青，九品服浅青。

那么，白居易在江州任司马，官秩为五品，照理应该穿浅绯，为什么他只能穿青衫呢？原来唐代的服色，不是根据"职事官"的等级，而是根据"阶官"的品级而定的。"阶官"，也叫"散官"，它与职事官的等级没有一定的关系。打个不太恰当的比方，"职事官"相当于现在干部制度中的职务，"阶官"则相当于干部的级别。职务与你的职权有关，级别才与你的待遇有关。白居易在江州时的阶官是"将仕郎"，品级为从九品下，也就是最低的一等。所以他只能穿浅青官服，所以才会在浔阳江头"江州司马青衫湿"，而不会是"江州司马绯袍湿"。

那么，白居易调任忠州刺史，此时他的阶官并没有改变，为何又能穿绯色官服了呢？原来这是由于另一条规定：刺史可以"借绯"，也就是阶官品级不够五品的刺史可以越级穿绯色的官服。朝廷这样规定，也许是为了提高地方长官的威仪吧，以免阶官品级太低的刺史穿着一身绿色或青色的官袍，属下和百姓看了会轻视他。让刺史都穿上绯袍，既提升了他们的威仪，也会提高地方上的行政效率，我猜想这就是朝廷让刺史"借绯"的初衷。所以白居易当上忠州刺史后,就穿上绯色官袍,他用诙谐的口吻写了一首《初着刺史绯答友人见赠》,诗中说:"徒使花袍红似火,其如蓬鬓白如丝。"又说:"银印可怜将底用?只堪归舍吓妻儿。"就是说虽然身上穿着鲜红似火的官袍,可是两鬓早已雪白如丝,意思是这富贵来得太迟了!下面两句的语气更加诙谐,身上所佩的银印有什么用处呢,不过是回到家里吓唬吓唬妻儿而已!

忠州距离长安的直线距离不足千里,还不到江州与长安距离的一半。唐代的制度规定,官员得罪远谪,遇到赦免就移往离京城稍近之地,叫作"量移"。白居易从江州改官忠州,就是一种量移,他距离长安近得多了。然而白居易心里明白,忠州是个荒僻的小山城,所以对此次"量移"并没有太大的热情。第二年三月,白居易到达忠州,发现这果然是个十分荒僻的小州!他在《初到忠州赠李六》一诗中写道:"吏人生硬都如鹿,市井萧疏只抵村。"官吏竟然举止生硬得像野鹿,州府竟然萧条得像个村庄!又道:"更无平地堪行处,虚受朱轮五马恩。"根据汉代的制度,太守的马车可用五匹马来驾辕,是州一级地方长官的待遇。白居易用调侃的口吻说:忠州根本没有一处平地可以行走马车,我又如何享受朱轮五马的恩惠呢?

白居易于元和十四年（819）三月到达忠州，第二年（820）九月就被朝廷召回长安，他一共只在忠州待了一年半时间。如此短的任期，当然来不及有多少政绩。不过白居易还是力所能及地为当地百姓做了一些好事，除了"劝农均赋，省事宽刑"这些日常政务之外，他还热情地从事绿化事业，他在城东的荒山坡上栽种了大量的桃树、杏树、梅树、柳树，使那里变得绿树成荫。白居易亲自带领童仆在东坡栽树："每日领童仆，荷锄仍决渠。铲土壅其本，引泉溉其枯。"（《东坡种花》）不久，东坡上便郁郁葱葱了，他有一首诗题为《步东坡》，诗中说："朝上东坡步，夕上东坡步。东坡何所爱？爱此新成树。"后来宋代的苏轼贬谪黄州以后自号"东坡居士"，便是从白居易的忠州东坡而来。

杭州的西湖和白堤

忠州虽然是白居易最早当刺史的地方，但那段经历在他的仕宦生涯和人生经历中都不是很重要。若论政绩之卓著，或论生活之愉快，白居易人生中最重要的两次地方长官经历肯定是杭州刺史和苏州刺史。白居易少年时代曾经流寓江南，到过杭州与苏州两个江南名郡。俗话说："上有天堂，下有苏杭。"苏州和杭州地处江南的鱼米之乡，物产富饶，风景秀丽。加上当时的苏州刺史是韦应物，杭州刺史则是房孺复，都是名噪一时的大名士。白居易因年幼位低而没有机会结识他们，但是心里充满了歆羡，暗暗地希望自己将来也能在苏州、杭州两城的其中之一当上刺史，人生就算圆满了。这种希望是如此地强烈，以至于他在几十年后还记忆得非常清晰。他在宝历元年（825）所写的《吴郡诗石记》一文中说："以当时心，言异日苏、杭苟获一郡，足矣。及今自中书舍人间领二州，去年脱杭印，今年佩苏印，既醉于彼，又吟于此……岂始愿及此哉！"可见白居易在接连出任杭州和苏州的刺史后感到满心欣慰，幼年时的愿望竟然加倍地实现了，怎能不让他欣喜过望！

那么，白居易在杭州和苏州的刺史任上政绩如何呢？换句话说，白居易为杭州和苏州两地的百姓做过什么好事吗？

唐穆宗长庆二年（822），51岁的白居易已对朝政失去信心，主动请求外任。七月，他被任为杭州刺史。从长安到杭州，本来应经过汴水，径直往东南方向行走，也就是走那条被时人称为"汴路"的交通要道。可是当时汴州（今河南开封）的军队叛乱，交通阻隔，白居易只好绕道而行，先走陆路，经过商州、邓州，再改走水路，由汉水入长江，又一次经过曾经谪居三年的江州。直到这年的十月一日，才到达杭州。

杭州风景绝佳，城西的西湖更像一颗耀眼的明珠。白居易在杭州的三年里游遍了周围的青山绿水，他对西湖的三秋桂子、十里荷花尤其喜爱，写了一首脍炙人口的《钱塘湖春行》："孤山寺北贾亭西，水面初平云脚低。几处早莺争暖树，谁家新燕啄春泥？乱花渐欲迷人眼，浅草才能没马蹄。最爱湖东行不足，绿杨阴里白沙堤。"说到西湖诗，大家首先会想到的当然是苏东坡的那首《饮湖上初晴后雨》："水光潋滟晴方好，山色空蒙雨亦奇。欲把西湖比西子，淡妆浓抹总相宜。"的确，东坡用绝代佳人西施来比拟西湖的美景，非常生动。西施的美貌不依赖于妆饰，传说她因患心痛病而皱着眉毛，也依然楚楚动人。西湖也是一样，无论是晴日的波光粼粼，还是雨天的山色空蒙，都同样地可爱。但是东坡的诗是从整体上对西湖进行概括的，毕竟有点抽象。白居易的诗则专咏西湖的晴景，描写具体，笔触细腻。它写的是西湖特定的时刻，就是在初春，在一个风和日丽的日子里的美丽湖景。春天，水涨起来了，西湖的水非常满，湖显得更加宽阔，天边垂着云彩，因为天气变暖了，黄莺在树上忙着筑巢，燕子啄着泥巴到人家梁上去做窝，花草也非常丰茂。他最喜欢就是那一条白沙堤，这条堤就是现在的白堤，当时叫白沙堤，在西湖的北边。他说骑着马到那里走走真是非常好。这首诗好在哪里呢？他既写出了西湖的怡人的风光，同时又构建了一个舒缓的、融和的氛围，整个的气候、整个的景色，都非常地和谐，诗人置身其中非常愉快。也就是说，跟苏东坡的诗相比的话，白居易这首西湖诗的描写非常具体。两首西湖诗正如春兰秋菊，各有千秋。

然而，当时的白居易并不是一个寓居杭州的悠闲文人，而是掌管一州政务的地方长官。唐代的杭州，属于江南东道，地方广大，人口众多，是朝廷赋税的重要来源之一。白居易身为杭州的刺史，自觉责任重大。他一到杭州便察访民情，得知杭州最要紧的地方政务是兴修水利，于是立刻全身心地投入指挥水利工程的工作。杭州城内原有六口水井，是唐德宗时的杭州刺史李泌开掘的。六井与西湖相通，通过石渠将西湖水引入井中，是杭州城内百姓日常饮水的水源，此时已经有所堵塞。白居易动手疏浚六井，保障了杭州百姓的饮水。

白居易更大的功绩是治理西湖。唐代的西湖，不但是一个游览胜地，而且是杭州最重要的淡水源。西湖一名钱塘湖，原是由源于杭州周围各座山岭里流出的涧水汇聚而成。由于湖的位置在杭州城的西边，故名西湖。又由于湖接近钱塘江，东汉人就曾筑堤阻挡钱塘江的咸水入湖，故名钱塘湖。白居易到任前后，杭州一连几年气候干旱，于是西湖便成了附近农田灌溉的唯一水源。白居易到杭州不久便兴工修筑湖堤，比原来的堤增高数尺，一来阻挡钱塘江的潮水涌进西湖，二来提高西湖的蓄水量。西湖中原有十多顷湖田，湖水高了就淹没在水下，湖水低了就露出水面。这些湖田本是无主的，不用交纳租税，所以有些农户与管理的官吏相勾结，偷偷地开闸放水，降低西湖水面，来保住那些湖田。白居易就令人严密地把守水闸，杜绝私自放水。为了防止大雨冲毁湖堤，白居易又下令当湖水暴涨，水面离水闸口只有一尺时，就开闸泄洪。

经过仔细的调查研究，白居易精心制订了利用湖水来灌溉附近农田的方法。为了把这些方法传给后任的地方官，他在离任前特地写了一篇文章，刻成石碑，题为《钱塘湖石记》。这篇文章与白居易文集中的其他文章完全不同，它完全不讲究文采，而是用非常浅近易懂的文字来写的，目的是让读者容易理解。此文内容如下：一、开闸放西湖水灌溉田地，湖水减低一寸，可以灌溉十五余顷田地。放水时须派遣军士二人，一人站在田头，一人站在湖边，于规定的时间，按照田地面积，计量放水。二、每逢干旱的年头，百姓请求放水，须允许他们直接到州府投状，由刺史核准，当天便准予放水。因为如果像平常一样经过繁复的审批程序，待官府发公文到县，县再发文到乡，动辄十来天，等到湖水流进田地，庄稼早就枯死了。三、从钱塘县到盐官县的地界，可利用官河（就是大运河）里的水来灌田。如官河水位不够，可放西湖水进入官河，但须事先测量河水水位，灌田完毕后，仍将多余的河水还给西湖。四、如果西湖的水也不够，就挖开余杭县和盐官县两县境内的临平湖湖堤，放水进入官河。这篇文章对杭州一带的农田水利精心筹划，丝丝入扣。白居易本是一个文人学士、风流才子，但是他身为地方长官时，却是如此的求真务实，尽心尽责，一点也没有才子的浪漫气息。

值得注意的还有，白居易在这篇文章中还对利用西湖水来灌溉农田的必要性和可行性进行了详尽的论述。当地原有这样的传言，说是放掉了钱塘湖的湖水，会对钱塘县的县令不吉利。所以县令往往会找借口来欺骗杭州刺史，或者说水浅了湖中的鱼龙无处藏身，或者说湖中种植的茭白、菱角会减产。白居易责问道：鱼龙与百姓的性命哪个更重要？茭白、菱角与粮食的利益哪个更多？又有人说放走了湖水，杭州城里的六口水井会干涸。白居易指出这种说法也是没有根据的，因为湖底比井管高，湖中还有泉眼数十处，湖水消耗后泉水会涌出来，所以放水不会影响水井。这说明白居易并没有因为自己是地方最高长官,就只管照自己的长官意志随意办事。即使他治理西湖完全是出于公心,他也耐心地向百姓说明情况,朝着正确的方向引导舆论,使利民的事情办得更加顺利。

经过白居易的精心治理,西湖不但保持了美丽的风景,而且成为灌溉农田千余顷的水源,造福一方。长庆四年(824)五月,白居易的刺史任满,离开杭州,杭州百姓扶老携幼,拦道相送。白居易也深情地写了《别州民》一诗,诗中说道:"耆老遮归路,壶浆满别筵。甘棠无一树,那得泪潸然?税重多贫户,农饥足旱田。唯留一湖水,与汝救凶年。"的确,在封建社会里,即使是正直爱民的士大夫,他们能为百姓所做的事情也是有限的。像租税太重、百姓贫困,这是朝廷的政令使然,白居易又有什么办法?白居易唯一感到自豪的是,他为杭州百姓留下了一湖清水,从此杭州百姓在干旱的年头能得到一些救助。

中国的老百姓是最懂得知恩图报的,杭州的百姓始终铭记着白居易的恩惠。为了纪念白居易治理西湖的功绩,他们把白居易主持修建的那条湖堤称为"白公堤"。随着岁月的流逝,那条"白公堤"早已不存在了。但是千百年来的杭州百姓一直把西湖原有的那条湖堤,就是白居易在诗中吟过的"绿杨阴里白沙堤",称为"白公堤",后来又简称为"白堤"。时至今日，当人们行走在风景如画的西湖白堤时，往往会误认为这就是白居易修建的湖堤。这种说法可称是"歪打正着"，因为虽然这条白沙堤并不是白居易修建的，但是白居易确实曾治理西湖，他完全有资格享受后人的尊敬。

苏州的白公堤

唐敬宗宝历元年（825）三月，也就是白居易离开杭州刺史任的第二年，他被任命为苏州刺史。真是无独有偶，白居易居然接连到"上有天堂，下有苏杭"的两个江南名郡担任刺史，超额实现了他幼年时的人生理想。

可惜的是，白居易在苏州刺史任上没有做满三年的任期，因为他在是年五月五日到达苏州，第二年五月就因眼病而向朝廷请了长假，到八月末就停职了。在这短短的一年中，白居易的健康情况很不好，他肺病复发，咳嗽很厉害，还在826年春天骑马摔伤了腰和双脚，卧床休息一月之久。这时对他影响最严重的还是眼病，由于幼年时读书太刻苦，白居易的眼睛一向不好，此时眼病变本加厉，他曾在诗中描写其病状："散乱空中千片雪，蒙笼物上一重纱。纵逢晴景如看雾，不是春天亦见花。"(《眼病》)晴天看景，竟然像在雾中；无花的季节，竟然眼中尽是花斑，可见眼病相当严重。但是身体欠佳的白居易并没有只顾养病不问政事，他还是勤于政事，为苏州做了一些好事。与杭州一样，苏州也是东南大郡，下辖七县，户口有十万多户，富甲江南，是朝廷的重要财赋来源。苏州政务繁忙，白居易在写给元稹的诗中说自己："清旦方堆案，黄昏始退公。可怜朝暮景，销在两衙中。"(《秋寄微之十二韵》)就是一大清早案上就堆满了公文，直到黄昏才能下班回家。于是花朝月夕的良辰美景，都消磨在衙门里了！当然，封建时代的地方官的政务都是为朝廷服务的，白居易在苏州任上就曾亲自掌管向朝廷"贡橘"。原来苏州所辖的太湖洞庭山所产的柑橘非常有名，白居易曾亲赴太湖，在洞庭山留宿五夜，督促选取贡橘。但是白居易仁政爱民的思想在苏州任上也有所表现，他努力使苏州百姓获得轻徭薄赋的实惠。

有趣的是，白居易在苏州也留下了一道"白公堤"。原来白居易到任不久，就发现号称水乡的苏州有些河道已淤塞不通，妨碍水运。于是他主持开凿了一条从阊门到虎丘的山塘河，并在河边修建一道堤坝，人称山塘堤。山塘河在阊门附近与大运河相连接，极大地方便了运输。后来那一带地方发展成繁华的市井，山塘堤就被人称作山塘街。

白居易离任后，苏州人民就把山塘街称为"白公堤"，后人又在虎丘修建了"白公祠"，来纪念曾任苏州刺史的白居易。白居易少年时代曾经希望在杭州与苏州两地中的一处做一任刺史，没想到他不但在杭州与苏州都当过刺史，而且在杭州留下了一道白公堤，在苏州也留下了一道白公堤，这真是文化史上的一段佳话！由此可见，作为地方官的白居易是完全合格的，他的仁政爱民的政治理想在地方官任上是有所体现的。

清廉自守的地方长官

白居易在地方官任上的表现还有一点必须说一说，那就是清廉。

清廉本是官员的基本道德准则，但是事实上又非常难以做到。在封建时代中，一向流传着"千里做官原为财"的民谚，而身为一方长官的刺史则有更多的机会聚敛钱财，"三年清知府，十万雪花银"的民谚就是指此而言，可见在地方长官任上的清官像凤毛麟角一样稀罕。白居易先后在杭州、苏州两地做地方长官，那两个地方的富裕程度都在全国名列前茅。可是白居易在杭州为官三年，清廉自守。

唐朝人的笔记中说白居易离任时曾捐出多余的俸禄存入杭州的公库，留作继任者应急的备用资金。（见《唐语林》卷2）这件事在白居易的诗文中没有记载，也许是出于传闻，但至少说明当时的人们对白居易的清廉是有公论的。要是白居易是个贪污狼藉的官吏，怎么可能产生这样的传说？

白居易离开杭州时曾写过一首叫作《三年为刺史》的诗，诗中说："三年为刺史，饮水复食蘖。唯向天竺山，取得两片石。此抵有千金，无乃伤清白？""蘖"就是庄稼"分蘖"的"蘖"，这里指粮食。诗意是说自己在杭州做官三年，饮了这里的水，吃了这里的粮食，除此之外没有占用其他物产，只是在临走前从天竺山上取走了两片石头。这两片石头可价值千金啊，这样做是否有伤自己的清白？当然，白居易这样说是自我调侃，实际上他对自己的两袖清风是颇感自豪的。

两年以后，白居易离开苏州时，写了一首题作《自喜》的诗，诗中说："身兼妻子都三口，鹤与琴书共一船。"意思是他的全家就是自己与妻子和女儿阿罗三口人，他的财产就是琴书和一对仙鹤，用一艘船来装运就足够了。当然白居易的诗句也许有点夸张，但至少说明他是把清廉当作一种美德来追求的。与那些贪污狼藉又毫无羞耻之心的官员相比，白居易的确是一个廉洁奉公的清官。

附 录

初着刺史绯答友人见赠

故人安慰善为辞,五十专城道未迟。
徒使花袍红似火,其如蓬鬓白如丝。
且贪薄俸君应惜,不称衰容我自知。
银印可怜将底用?只堪归舍吓妻儿。

初到忠州赠李六

好在天涯李使君,江头相见日黄昏。
吏人生硬都如鹿,市井萧疏只抵村。
一只兰船当驿路,百层石磴上州门。
更无平地堪行处,虚受朱轮五马恩。

东坡种花

东坡春向暮,树木今何如?漠漠花落尽,翳翳叶生初。
每日领童仆,荷锄仍决渠。铲土壅其本,引泉溉其枯。
小树低数尺,大树长丈余。封植来几时,高下齐扶疏。

养树既如此，养民亦何殊？将欲茂枝叶，必先救根株。
云何救根株？劝农均赋租。云何茂枝叶？省事宽刑书。
移此为郡政，庶几氓俗苏。

钱塘湖春行

孤山寺北贾亭西，水面初平云脚低。
几处早莺争暖树，谁家新燕啄春泥？
乱花渐欲迷人眼，浅草才能没马蹄。
最爱湖东行不足，绿杨阴里白沙堤。

钱塘湖石记

钱塘湖事，刺史要知者四条，具列如左：钱塘湖一名上湖，周回三十里。北有石函，南有笕。凡放水溉田，每减一寸，可溉十五余顷。每一复时，可溉五十余顷。先须别选公勤军吏二人，一人立于田次，一人立于湖次，与本所由田户据顷亩，定日时，量尺寸，节限而放之。若岁旱，百姓请水，须令经州陈状，刺史自便押帖，所由即日与水。若待状入司，符下县，县帖乡，乡差所由，动经旬日，虽得水而旱田苗无所及也。大抵此州春多雨，夏秋多旱，若堤防如法，蓄泄及时，即濒湖千余顷田无凶年矣。自钱塘至盐官界，应溉夹官河田，须放湖入河，从河入田。准盐铁使旧法，又须先量河水浅深，待溉田毕，却还本水尺寸。往往旱甚，即湖水不充。今年修筑湖堤，高加数尺，水亦随加，即不啻足矣。脱或不足，即更决临平湖，添注官河，又有余矣。俗云：决放湖水，不利钱塘县官。县官多假他词以惑刺史。或云鱼龙无所托，或云茭菱失其利。且鱼龙与生民之命孰急？茭菱与稻粱之利孰多？断可知矣。又云放湖即郭内六井无水，亦妄也。且湖底高，井管低，湖中又有泉数十眼，湖耗则泉涌，虽尽竭湖水，而泉用有余。况前后放湖，终不至竭。而云井无水，谬矣。其郭中六井，李泌相公典郡日所作，甚利于人。与湖相通，中有阴窦，往往堙塞，亦宜数察而通理之。则虽大旱，而井水常足。湖中有无税田，约十数顷，湖浅则田出，湖深则田没。田户多与所由计会，盗泄湖水，以利私田。其石函、南笕，并诸小笕闼，非浇田时，并须封闭筑塞，数令巡检，小有漏泄，罪责所由，即无盗泄之弊矣。又若霖雨三日已上，即往往堤决，须所由巡守预为之防。其笕之南，旧有缺岸，若水暴涨，即于缺岸泄之。又不减，兼于石函南笕泄之，防堤溃也。予在郡三年，仍岁逢旱。湖之利害，尽究其由。恐来者要知，故书于石。欲读者易晓，故不文其言。长庆四年三月十日，杭州刺史白居易记。

别 州 民

耆老遮归路，壶浆满别筵。甘棠无一树，那得泪潸然？
税重多贫户，农饥足旱田。唯留一湖水，与汝救凶年。

眼 病

散乱空中千片雪，蒙笼物上一重纱。
纵逢晴景如看雾，不是春天亦见花。
僧说客尘来眼界，医言风眩在肝家。
两头治疗何曾瘥？药力微茫佛力赊。

秋寄微之十二韵

娃馆松江北，稽城浙水东。屈君为长吏，伴我作衰翁。
旌旆知非远，烟云望不通。忙多对酒榼，兴少阅诗筒。
淡白秋来日，疏凉雨后风。余霞数片绮，新月一张弓。
影满衰桐树，香凋晚蕙丛。饥啼春谷鸟，寒怨络丝虫。
览镜头虽白，听歌耳未聋。老愁从自遣，醉笑与谁同？
清旦方堆案，黄昏始退公。可怜朝暮景，销在两衙中。

三年为刺史

三年为刺史，饮水复食蘖。唯向天竺山，取得两片石。
此抵有千金，无乃伤清白？

自 喜

自喜天教我少缘，家徒行计两翩翩。
身兼妻子都三口，鹤与琴书共一船。
僮仆减来无冗食，资粮算外有余钱。
携将贮作丘中费，犹免饥寒得数年。

第七讲
元白：互相齐名的亲密朋友

元白的交往过程

白居易喜欢结交朋友，他与许多朋友结下了深厚的友谊。早在青年时代，白居易就在符离与当地人士张彻、张复等人结为好友。到了晚年，白居易在洛阳与寓居当地的许多老人交往，举行过"尚齿之会"，就是尊老会，与会的七个老人年龄加起来达570岁。总之，白居易一生中结交了许多好朋友，留下了许多歌颂友谊的动人诗篇。比如白居易在江州结交了一个姓刘的朋友，此人曾在嵩山隐居，排行十九，白居易在诗中亲切地称他为"嵩阳刘处士"，或是"刘十九"。请看这首有名的小诗《问刘十九》："绿蚁新醅酒，红泥小火炉。晚来天欲雪，能饮一杯无？"此诗的意思浅显易懂：杯里已斟满了新酿的酒，因为没有过滤，酒面上还浮着一层浮渣。那个用红泥抹成的小火炉里，正燃着熊熊的火焰。傍晚时分，雪意昏昏，你能过来和我一起喝一杯吗？虽然古往今来描写饮酒的好诗不计其数，但是这首明白如话的小诗一向是我最喜欢的饮酒诗之一。我觉得它真像一对知心朋友之间的一张便笺，语气直接而亲切有味，不拘礼数，不讲客套，感人至深。虽然诗的背景是雪意昏昏的黄昏，但是诗中传递的浓厚友情却传达出丝丝暖意。虽然我们至今无法知道这位刘十九叫什么名字，但我们透过这首小诗能清晰地感受到白居易对他的深情厚谊。限于时间，我无法细说白居易的所有好友，只想说一说白居易平生最好的一个朋友：元稹。

元稹在诗歌创作上与白居易齐名，并称"元白"。这个称呼在两人生前就产生了，比如有一天，诗人杨汝士在一个宴会上参加赋诗，他的那首诗写得比元、白还要好，杨汝士大喜过望，回家后对子弟说："我今日压倒元白！"杨汝士在当时也颇有诗名，然而他偶然一次"压倒元白"，竟至于如此欣喜，可见当时的诗人已把元、白视为诗坛上的两位盟主。后人论诗，也常把元、白二人相提并论，比如南宋的严羽在《沧浪诗话》中把他们的诗体并称为"元白体",而苏东坡也曾把他们放在一起评论,说是"元轻白俗"。元、白二人不但在诗歌创作上齐名,而且在政治和文学上都持有基本相同的观点,两人曾一起参加反对宦官的斗争,又曾一起写作新乐府诗,堪称志同道合的好友。

贞元十七年(801),白居易与元稹在长安相识。当时白居易30岁,刚在去年考中进士。元稹只有23岁,却早在八年前就已考中明经。元稹这么年轻就明经及第,也许是唐代的明经比进士容易考中的缘故。在唐代,无论是进士及第还是明经及第,都还不能直接授官。白居易与元稹都必须参加吏部的铨试,合格后才能进入仕途,所以当时他们都在长安继续努力,准备参加吏部铨试。到了贞元十八年(802)十月,白居易便和元稹等人一起参加了吏部试。第二年(803)三月,考试结束,元、白二人都考中了吏部主持的"书判拔萃科",从而正式取得了做官的资格,并同时被朝廷授予校书郎的官职。校书郎是个不太重要的闲职,元、白二人又正在精力充沛的青春时代,于是他们经常在一起游玩,走遍了长安的大街小巷。他们在一起饮酒、吟诗,还在一起听艺人说书,当然毋庸讳言,他们也一起出入于秦楼楚馆。当时白居易住在长乐里,后来又迁到永崇里,元稹则住在靖安里,两个地方隔街相对,过往非常方便。由于元、白二人都对校书郎的官职不太满意，于是又一起准备参加制科考试。永崇里有一个道观叫华阳观，环境非常清幽，是用功读书的好地方。两人就一起住进华阳观，闭门下帷，潜心准备参加考试。他们准备参加的制举名叫"才识兼茂明于体用科"，考试内容以制策论文为主。元、白躲在华阳观里几个月，朝夕用功，互相切磋，揣摩当代时事，精心撰写制策。元和元年（806）四月，元、白一起参加制举，双双得中。

元、白虽然亲密无间，但是宦海浮沉，萍踪不定，所以两人在以后的人生中竟是别多会少。两人制举及第后，元稹被任命为左拾遗，留在朝中，白居易却被任命为盩厔县县尉。等到元和三年（808）白居易入朝任左拾遗时，元稹早被贬为河南尉了。元和四年（809）二月，元稹回朝任监察御史，三月就奉命前往东川查办赃犯，六月方归，随即被派往洛阳。元和五年（810）三月，元稹被召回长安，途中与宦官发生冲突，被贬为江陵（今湖北荆州）士曹。等到元和十四年（819）底元稹返回长安任膳部员外郎时，白居易正在忠州任刺史。只有从元和十五年（820）到长庆元年（821）的两年间，元、白同时在朝为官。但是到了长庆二年（822）三月，元稹被贬为同州刺史，白居易也于是年七月出为杭州刺史，两人又天各一方了。以后元稹于长庆三年（823）冬被任为浙东观察使兼越州刺史，路经杭州时与白居易相会数日。等到大和三年（829）九月元稹回朝任尚书左丞，白居易已以太子宾客分司洛阳。再过一年，元稹就病逝于鄂州（今湖北武汉）。所以说，元、白二人共在一地相处时间较长的只有两次：一次是在长安应吏部铨试以及应制举前后的五年，另一次就是同时在朝为官的二年。在其他的岁月里，两人只有寥寥无几的会面机会，而且都很短暂。但是，这丝毫没有影响他们的交情。

政治和文学的双重知己

元、白的交情首先在于他们持有相近的政治态度。帝制时代的士大夫，凡是比较正直、比较忠诚的人，都会怀有仁政爱民的政治理想，元、白二人也不例外。元、白二人在华阳观里努力准备参加制举考试时，曾互相商讨切磋，共同撰写了《策林》七十五篇。《策林》七十五篇后来被编进了白居易的文集，可能当时是由白居易执笔的，但是其内容则是两人共同思考的成果。白居易在《策林》的序言中说："元和初，予罢校书郎，与元微之将应制举，退居于上都华阳观，闭户累月，揣摩当代之事，构成《策目》七十五门。"话虽然说得不很清楚，但是从语气上看，退居华阳观、揣摩当代之事和构思《策林》这几件事情应该有共同的主语，就是元稹也参加了《策林》的撰写。后代的学者如宋人洪迈等也将《策林》看作元、白合作的作品。

《策林》虽然是为了应付考试而做的准备，但是其内容却是"揣摩当代之事"而写成的，所以具有鲜明的时代色彩和深刻的现实意义，是针对当时的政治实际而提出的施政纲领。上至肃清朝政、整顿吏治，下至轻徭薄赋、与民休息，《策林》中都有具体深刻的论述。这说明元、白二人的基本政治观念是完全一致的。在实际的政治活动中，两人也采取了基本相同的政治态度，所以互相引为同道，并互相支持。比如中唐朝廷中最严重的问题是宦官专权，对此，元、白都深恶痛绝。最典型的事例就是"敷水驿事件"。

元和五年（810）三月，元稹遭遇了"敷水驿事件"。事情的经过是这样的：元稹从洛阳被召回京，路经华阴县的敷水驿（今陕西华阴）。敷水驿只有一个正厅，元稹当然就在厅内安歇。元稹刚睡下，以仇士良、刘士元为首的一伙宦官也来到驿站。骄横跋扈的宦官见元稹既没有让出正厅，也没有起身来迎候他们，立即大怒，刘士元就率领小太监破门冲进正厅，元稹穿着袜子逃到厅后，刘士元竟然追上前去，用马鞭打伤了元稹的脸部。事件发生后，宦官恶人先告状，许多朝臣则为元稹辩护。按照当时的规定，官职为监察御史的元稹和宦官仇士良都有资格住进驿站正厅，正厅不够时便按先来后到的次序来安排。仇士良等人不但不按次序而抢占正厅，而且公然施暴打伤朝官，肯定是理短的。但是当时宦官权势熏天，唐宪宗和宰相杜佑竟然混淆黑白，认为曲在元稹，从而把他贬为江陵士曹参军。

当时正任左拾遗的白居易对元稹无罪受罚的事件极为愤怒，他连上三书，大声疾呼地为元稹申冤，并要求惩办肇事的宦官。在第三封奏状中，白居易义正词严地指出责罚元稹有"三不可"：一是元稹为官正直，故而得罪了宦官，才遭受此辱。如果责罚元稹，则今后无人肯为朝廷出力。二是事件本身曲在宦官，宦官施暴凌辱朝官，反而责罚朝官，今后宦官会更加嚣张。三是元稹去年出使东川纠弹当地官员贪赃枉法，得罪了地方藩镇。现在把元稹贬往藩镇所治的地方，使他们有机会公报私仇，会更加助长藩镇的气焰。在当时的形势下，白居易这样仗义执言，不但会得罪宦官和藩镇，而且会直接得罪皇帝和宰相。但是白居易明知山有虎，偏向虎山行，这不但体现了白居易的大公无私，也体现了白居易与元稹的深厚友谊，这种友谊经得起灾难的考验，堪称患难之交。

元、白的交情也建立在共同的文学观念的基础上。现在我们不大说"新乐府运动"这个名词了，但是毫无疑问，新乐府诗的写作确实是中唐文学史上一个最重要的文学活动，而这个文学活动最重要的领袖就是白居易和元稹。当时最早写作新乐府诗的是诗人李绅，他的诗题为《新题乐府》。元、白二人立即敏锐地感觉到这是一种具有巨大发展前途的新诗体，于是白居易写了《新乐府》五十首，元稹也写了《新乐府》二十首。元稹在《乐府古题序》中声明他们写作新乐府是继承了杜甫"即事名篇，无复依傍"的传统，也就是不再沿用古乐府的题目，而是像杜甫那样根据诗歌内容来设立新题，这是对"新乐府"的最权威的解释，元稹说这是他与白居易、李绅三人的共同意见。白居易被贬到江州后，给元稹写了一封长达三千一百九十字的长信，就是在文学批评史上极其著名的《与元九书》。以前人们总说这封信是新乐府运动的纲领，此话有误，因为此时元、白的新乐府诗创作都已告终，其实这是为新乐府诗所作的最详尽、最深刻的理论总结。从这些材料可以看出，在新乐府诗的写作上，元、白二人持有完全一致的观点，他们对诗歌的政治功能与社会意义的看法是高度一致的。元、白的诗歌唱和活动虽然并不都与新乐府有关，但同样的文学观念肯定是他们长期唱和的一个基础，也是两人维持长久友谊的基础。

休戚与共,情同手足

元、白的交谊渗透了他们的生活的各个角落。元和元年(806),元稹丧母。次年,白居易为元母郑氏写了一篇情文并茂的墓志铭。郑氏出身于门第高贵的荥阳郑姓,但白居易的墓志铭中对此只是一笔带过,主要篇幅"但书夫人之事而已",就是叙述了郑氏在身为女儿、妻子和母亲的人生三个阶段都有过人的美德,并说明自己是元稹的"执友",故而对元母的美德最为熟悉(《唐河南元府君夫人荥阳郑氏墓志铭》)。大家知道,唐代的墓志铭往往有"谀墓之文",就是为了高额润笔或是人情难却而对死者作过度赞誉,连古文名家韩愈都难免此弊。但是白居易的这篇墓志铭却既真实又感人,体现了他与元稹的兄弟情谊。

五年之后,也就是元和六年(811),白居易丧母,返回下邽守丧。当时元稹正谪居江陵,无法亲自前往吊祭,就派遣侄儿专程到下邽来吊丧,还写了一篇情真意切的祭文,文中说自己与白居易"坚同金石,爱等弟兄"。不但如此,由于居丧的白居易经济拮据,元稹虽然自己也不宽裕,还是尽力相助,曾三次寄钱给白居易,总金额超过二十万钱。对此,白居易深为感激,寄诗给元稹说:"三寄衣食资,数盈二十万。岂是贪衣食?感君心缱绻。念我口中食,分君身上暖。"(《寄元九》)后面两句诗是互文见义,意即元稹削减了自己的衣食之资,才得以资助白居易解决温饱之虞,这样说未免有点夸张,但是元稹慷慨解囊的行为确实证明了他对白居易的深情厚谊。

正因白居易和元稹情同手足,所以他们喜则同乐,忧则同悲,在感情方面达成了最大的默契。元稹早年曾与一位才貌双全的女子相恋,后来虽然分手,但始终难忘那段刻骨铭心的爱情,所以他不但写了《莺莺传》这篇自传体小说,而且在诗歌中再三咏及之。元和五年(810),32岁的元稹从江陵寄了一首长达七十韵的《梦游春》给39岁的白居易,并在诗的《题序》中说:"斯言也,不可使不知吾者知,知吾者亦不可使不知。乐天知吾也,吾不敢不使吾子知。"大家知道元稹的《梦游春》的内容是追忆自己少年时的风流韵事,一般说来,人们对这种事情都是讳莫如深的,是只肯藏在心底而不愿让他人知道的,生活在礼教苛严的时代的人们当然更是如此。元稹说"不可使不知吾者知",就是出于这种考虑。但是他又说此事不能不让白居易知道,这显然是把白居易当成可以倾吐心中一切秘密的亲密朋友了。于是白居易也就当仁不让,写了一首长达一百韵的长诗来唱和,题目就叫作《和梦游春诗一百韵》。连珍藏在心中的恋爱经历都可以分享,这不是亲密朋友又是什么!

与上述事例相映成趣的是,当元稹的妻子韦丛去世以后,他写了许多悼亡诗,其中包括感人至深的《遣悲怀三首》。元稹把这些悼亡诗寄给白居易,白居易读了非常感动,竟至于借用韦丛的口吻,一气写了三首答诗,第一首是《答谢家最小偏怜女》,这是以元稹《遣悲怀三首》之一中的"谢家最小偏怜女"一句为题的;第二首是《答骑马入空台》,这是以元稹《题空屋》诗中"骑马入空台"一句为题的;第三首是《答山驿梦》,这是以元稹的《感梦诗》为题的。限于时间,我们只举第一组酬答诗为例:元稹的悼亡诗说:"谢家最小偏怜女,自嫁黔娄百事乖。顾我无衣搜荩箧,泥他沽酒拔金钗。野蔬充膳甘长藿,落叶添薪仰古槐。今日俸钱过十万,与君营奠复营斋。"白居易的拟答诗说:"嫁得梁鸿六七年,耽书爱酒日高眠。雨荒春圃唯生草,雪压朝厨未有烟。身病忧来缘女少,家贫忘却为夫贤。谁知厚俸今无分,枉向秋风吹纸钱!"前一首诗是千古传诵的悼亡名篇,不用多说。后一首也是情真意切的好诗,只有情同手足的密友,才能把朋友的家庭生活细节写得如此细致生动,才能把亡者的口吻虚拟得如此真切感人。悼亡的悲痛本来是完全属于个人的,是相当隐秘的一种情感,但在元、白之间,连这种悲痛都可以在对方那里获得安慰和抒解,这不是亲密朋友又是什么!

感人至深的友谊颂歌

元、白都是名震一时的大诗人,他们的交谊当然会伴随着大量的诗歌唱和。比如元和十年(815)的春天,元、白二人同在长安。一天,元、白与几个朋友结伴到城南游春,归来时骑在马上一边走一边吟诗,从城外的皇子陂直到城里的昭国坊,走了二十里路,两人连连吟诵,竟没有停过嘴,同行的其他人简直无从插嘴。再如长庆三年(823)八月,元稹在前往越州刺史任的途中路经杭州,与正任杭州刺史的白居易相聚,两人联床夜吟,一连三夜都是如此。此后两人一在越州(今浙江绍兴),一在杭州,相距不远,常常唱和,他们把诗作藏在竹筒中寄给对方,号称"诗筒"。

元、白的诗歌唱和往往成为他们竞赛诗歌技巧的机会,因为两人在诗歌写作上才力匹敌,旗鼓相当,有的唱和诗竟长达百韵,所以白居易曾在大和二年(828)所写的《和微之二十三首》的《小序》中自称与元稹是:"所谓天下英雄,唯使君与操耳!"这是引用三国时曹操对刘备所说的话,意思是天下英雄只有我们两人而已。然而,元、白最感人的唱和诗并不是那些争奇斗艳的作品,而是那些随口吟成的抒情小诗,这些篇幅短小的唱和诗往往是分离后诉说相思之苦的，往往是在对方身陷逆境时传递安慰之情的，这些诗歌中渗透着浓厚的友情，从而感动着千百年后的读者。

元和四年（809）春天，元稹被朝廷派往东川去审理案子，于三月七日离开长安前往梓州（今四川三台）。是月二十一日，白居易与弟弟白行简以及友人李建一起到长安城南的曲江游玩。晚上一起回到李建家里，对酒吟诗，大家都很高兴。白居易忽然放下酒杯，叹息说："微之今天应该走到梁州了吧！"于是提起笔来在墙壁上题了一首七言绝句："花时同醉破春愁，醉折花枝作酒筹。忽忆故人天际去，计程今日到梁州。"（《同李十一醉忆元九》）"酒筹"是古代饮酒时用来计数或行令的筹子，同时双关第四句的"计程"，因为古人计数时往往要借助于筹子。诗中只字未及"愁"字，但是浓重的离愁渗透在字里行间。过了十来天，有梁州使者带来了元稹的书信，信后附了一首《梁州梦》诗，说自己那天晚上梦见与白居易等人一起游览曲江，诗是这样写的："梦君同绕曲江头，也向慈恩院院游。亭吏呼人排去马，忽惊身在古梁州。"梁州就是现在的陕西汉中，是从长安前往梓州的必经之地。亭吏就是驿站的小吏，意即元稹正在梦中与白居易等人同游曲江，忽被驿吏呼人安排车马的声音惊醒，才发现自己身在千里之外的梁州。

白居易他们计算日期，发现元稹在梁州驿站做梦的那天正是三月二十一日，一天都不差，正巧就是白居易在李建家题诗的日子！白行简觉得这简直不可思议，于是写了一篇《三梦记》来记载这件事情。有的现代学者认为这是"文人故弄狡狯而已"，但是我宁肯相信晚唐孟启的说法："千里神交，合若符契。友朋之道，不期至欤！"（《本事诗》卷5）也许白居易在长安题诗与元稹在梁州做梦并不真的发生在同一天，但那又有什么关系？只要白居易的诗是真的，只要元稹的诗是真的，那么，两位知心朋友千里相思，异地同心，就已经构成了一段诗歌史上的佳话，就足以传诵千秋。

即使没有上例那样的日期巧合，元、白千里相思的诗歌也是感人至深的。下面介绍一组例子。元和十年（815）三月，元稹被贬为通州（今四川达县）司马。三月二十九日，元稹踏上了征程。白居易一直送到长安西边沣水边的蒲池村，天色已晚，两人依依不舍，就在小旅店里借宿一晚，次日分手，元稹写诗留别："今朝相送自同游，酒语诗情替别愁。忽到沣西总回去，一身骑马向通州。"白居易返回长安，也写了一首《醉后却寄元九》："蒲池村里匆匆别，沣水桥边兀兀回。行到城门残酒醒，万重离恨一时来。"过了几天，长安连日阴雨，白居易担心元稹在艰险的蜀道中格外辛苦,又写了一首《雨夜忆元九》:"天阴一日便堪愁,何况连宵雨不休。一种雨中君最苦,偏梁阁道向通州。""偏梁阁道"是古人在悬崖峭壁上凿孔嵌入木桩而搭建的栈道,郦道元在《水经注·汾水》中说:"数十里间,道险隘,水左右悉结偏梁阁道。"就是指此。栈道本身十分艰险,再加上连宵淫雨,道路之艰辛超乎寻常,所以白居易格外惦记正行走在阁道上的友人。这种设身处地的担心,这种感同身受的体贴,正是真挚友情在诗歌中的积淀和升华,感人至深。

无独有偶,到了这年秋天,白居易也踏上了贬往江州的旅程。他在前往江州贬所的途中写了一首《舟中读元九诗》:"把君诗卷灯前读,诗尽灯残天未明。眼痛灭灯犹暗坐,逆风吹浪打船声。"为什么白居易在贬谪途中读元稹诗会如此感动呢?大概有两个原因:一是元稹在此年三月被贬为通州司马,他的诗歌中充满了无罪被贬的愤懑和身处祸患的忧伤,白居易读来当然会感同身受。二是元稹的诗歌中洋溢着对白居易的深情厚谊,白居易读来当然会刻骨铭心。当白居易被贬谪江州的消息传到通州时,正患疟疾的元稹痛愤交加,写了一首词酸意苦的《闻乐天授江州司马》:"残灯无焰影憧憧,此夕闻君谪九江。垂死病中惊坐起,暗风吹雨入寒窗。"白居易到达江州后读到元稹的这首诗，如受电击，他后来写信给元稹说："此句他人尚不可闻，况仆心哉？"两首诗都是词酸意苦，字里行间洋溢着对友人命运的深切关怀，连抒情手法也相当接近：白居易在残灯光中读完元稹诗卷，心中该有多少愤懑和忧伤，可是诗中对此一字不提，只说船舱外传来风声和波浪的撞击声。身处逆境中的元稹惊悉白居易被贬谪九江的消息，心中该是如何的痛愤交加，可是诗中对此也一字不提，只说夜风把寒雨吹进了窗户。清代的《唐宋诗醇》评论这两首诗"真可谓同调"，说得非常准确。明代学人唐汝询则评元诗说："非元、白心知，不能作此。"也说得十分精到。如果我们把白居易的《舟中读元九诗》与元稹的《闻乐天授江州司马》对读一下，便可知道他俩的友谊是何等的深挚、何等的真诚；他俩的诗心灵性又是何等的相似、相近！元、白的友谊是真正的患难之交，元、白抒写友情的诗歌是真正的心灵交流，所以感人至深。

大和五年（831）七月，年方53岁的元稹在武昌去世。噩耗传到洛阳，白居易悲不自胜，当即写诗哀悼："八月凉风吹白幕，寝门廊下哭微之。妻孥朋友来相吊，唯道皇天无所知。"(《哭微之》）到了十月，元稹的灵柩归葬咸阳，路经洛阳，白居易又作《祭微之文》，说："既有今别，宁无后期？公虽不归，我应继往。安有形去而影在，皮亡而毛存者乎?"意思是自己与元稹的生命是合二为一的,元稹已亡,自己也不久于人世了。这真是名副其实的生死之交!

此后白居易不但为元稹撰写了墓志,对元稹的一生作了公正的总结性评价,而且在诗文中多次忆及元稹。开成五年(840),69岁的白居易夜梦与元稹同游,醒来作诗《梦微之》说:"夜来携手梦同游,晨起盈巾泪莫收。漳浦老身三度病,咸阳宿草八回秋。君埋泉下泥销骨,我寄人间雪满头。阿卫韩郎相次去,夜台茫昧得知不?"第三联的意思与《祭微之文》文义是相似的:好友久埋泉下,骸骨已销;自己满头雪白,还暂时寄住人间,意即自己也不久于人世了!末联中的"阿卫"是元稹的小女儿,"韩郎"则是元稹的女婿,此时也已先后去世。"夜台"本指坟墓,这里指阴间。所以白居易问亡友说:你家里最近发生的这些变故,你在阴间是否知道?絮絮叨叨谈论家常,正是亲密朋友之间的常态,然而与泉下的亡友如此交谈,仿佛忘却了生死之隔,则在好友之间也相当罕见,这说明白居易对元稹的友情真是至死不渝!

会昌元年(841),也就是在元稹去世十年以后,白居易偶然读到了卢子蒙诗集中有子蒙与元稹的唱和诗,伤感不已,作诗说:"早闻元九咏君诗,恨与卢君相识迟。今日逢君开旧卷，卷中多道赠微之。相看掩泪情难说，别有伤心事岂知！闻道咸阳坟上树，已抽三丈白杨枝。"（《览卢子蒙侍御旧诗，多与微之唱和，感今伤昔，因赠子蒙，题于卷后》）清人评此诗说："直从肺腑中流出，不知是血是泪，笔墨之痕俱化。"（《唐宋诗醇》卷25）评得真好。白居易从卢子蒙的诗卷中看到许多与元稹的唱和诗，思及亡友，不禁与卢子蒙泪眼相看，情难自已，因为此时元稹已经去世十年，听说咸阳坟墓上的白杨树已有三丈高了！这首诗朴实无华，直抒胸臆，感人至深。白居易一而再、再而三地写诗追怀元稹，而且每一篇都写得情真意挚，这说明白居易与元稹的交谊已超越了生死的界限，堪称生死之交。

两位多情才子，乐天更胜一筹

元、白二人都是多情才子，也都擅长表现爱情主题。相较之下，白居易更胜一筹。我们不妨稍作对比。

元稹青年时代曾有一段缠绵悱恻的爱情经历，他把那段经历写进了小说《莺莺传》，也就是后世流传千载的戏剧《西厢记》的故事蓝本。《莺莺传》虽然并不就是元稹的自传，但说它是根据作者自身经历而稍作虚构的自传体小说则是可以成立的。当然"崔莺莺"这个姓名可能是虚构的，我们姑且用它指称元稹的早年恋人。从古代士大夫的立场和眼光来看，元稹的恋爱对象崔莺莺要比白居易的恋爱对象湘灵更胜一筹：湘灵是个小家碧玉，莺莺却是个大家闺秀。湘灵的相貌不知如何，白居易的诗里虽然称她是"东邻婵娟子"，但那多半是情人眼里出西施，反正白居易诗中没有明确说过她长得花容月貌。湘灵肯定是个心灵手巧的姑娘，但白居易没有说过她才华横溢。事实上唐代的小家碧玉，多半不会受过多少教育。莺莺却是才貌双全的出色女子，《莺莺传》中写她的容貌是"颜色艳异，光辉动人"，又写她的才华是"艺必穷极，而貌若不知；言则敏辩，而寡于酬对"，而文中所收录的莺莺所写的诗歌和书信都情文并茂，她还擅长弹琴，显然与只善于做鞋的湘灵不可同日而语。至少对于白居易、元稹这样的风流才子来说，莺莺是比湘灵更好的恋爱对象。然而元稹虽然曾经对崔莺莺爱得神魂颠倒，后来却为了另攀高枝而主动抛弃了莺莺。当然，对于莺莺这样才貌双全的女子，元稹也是始终难以忘怀的。他在许多诗歌中抒写过这种情愫，其中最有名的要算这首《离思》："曾经沧海难为水，除却巫山不是云。取次花丛懒回顾，半缘修道半缘君。"有些研究元稹的学者把此诗理解是悼念亡妻韦丛之作，我认为应该像陈寅恪先生那样解作追怀莺莺的作品。理由很简单，《离思》一组诗共有五首，整组诗中根本看不出有什么哀悼亡者的意思，虽然我们无法指实诗人到底是在思念何人，但基本上可以断定，他抒写的都是与某位美人离别后的相思之情，比如其一："自爱残妆晓镜中，环钗谩簪绿云丛。须臾日射胭脂颊，一朵红酥旋欲融。"这种相当香艳的词句，决不适宜用来描写结发妻子，而只能是对青年时代的情人的追忆。所以《离思》五首一定是回忆莺莺的组诗。"曾经沧海难为水，除却巫山不是云"两句诗在二十世纪六七十年代曾经非常流行，人们纷纷用它们来抒发某种革命情怀。其实它们的原意非常明确，就是说元稹曾经与一位特别出色的女子相爱，她才貌双全，举世无双，所以当他日后遇到别的女子时，就觉得她们都是寻常脂粉，不值一顾了。单看这两句诗，当然也真实地表现了元稹对莺莺的衷心爱慕。然而再读后面两句，问题就来了："取次花丛懒回顾，半缘修道半缘君。""取次花丛"的意思是美女如云，一个挨着一个。就是如今的元稹官高禄厚，身边环绕着许多美女，然而他却懒得回头去看她们。为什么呢？一半的原因是自己决心修道，修道当然要过一种清心寡欲的生活，所以不能对着美女心猿意马。另一半的原因才是思念那位出色的女子，也就是往日情人莺莺。言下之意是，要不是为了修道，他对"取次花丛"就不免要"回顾"一番了。与白居易对湘灵的满腔深情相比,元稹即使不算是"薄幸",至少可说是不如白居易那样一往情深。

湘灵其人,我们对她的生平知道的很少,但是她的身影曾多次在白居易的诗歌中闪现。白居易有几首诗是直接点明她的名字的,比如《寄湘灵》《冬至夜怀湘灵》等。前一首写于贞元十六年(800),白居易29岁。诗中说:"泪眼凌寒冻不流,每经高处即回头。遥知别后西楼上,应凭栏干独自愁。"自己思念对方,竟至每到地势高敞的地方就回头眺望;他还想象对方正在西楼上独自凭栏发愁,这分明是寄给情人的亲密语气。第二首大约作于贞元二十年(804),白居易33岁,诗中说:"艳质无由见,寒衾不可亲。何堪最长夜,俱作独眠人!"美丽的人儿已无法相见,冷冰冰的被窝也不再可亲。怎能忍受在一年最漫长的冬至之夜,双方都成为独眠之人!这首诗的语气更加直率,而且暗示着两人曾经有过同床共衾的亲密关系。也有的诗没有点出湘灵其名,但是从字里行间所流露的感情内蕴仍可看出与她有关,例如《潜别离》:"不得哭,潜别离。不得语,暗相思。两心之外无人知。深笼夜锁独栖鸟,利剑春断连理枝。河水虽浊有清日,乌头虽黑有白时。唯有潜离与暗别,彼此甘心无后期。"这首诗里的"甘心"是向慕的意思，《史记·封禅书》里说三神山上有不死之药，"世主莫不甘心焉"。司马贞解释说，"甘心，谓心甘羡也"。所以这首诗的意思就是自己与湘灵彼此相慕，是两个真心相爱之人，却被迫分离，永远失去了后会之期。而且他俩不能像《西厢记》里的崔莺莺那样公开到十里长亭去送别张生，他们的别离竟然是瞒着别人在暗中进行的，所以格外地悲痛彻骨。如果不是有自身的真实生活经历，怎能写出如此催人泪下的诗句来！

白居易的"深于情"还有其他的表现。大和元年（827）底，56岁的白居易从长安前往洛阳，他骑了多年的一匹小白马在途中突然死去，白居易十分伤心，把白马埋葬在稠桑驿，还写了一首长达四十句的长诗来悼念它。诗中有一句说"情深项别骓"，这是用西楚霸王项羽的典故。项羽兵败垓下，自感末日来临，就悲歌一曲："力拔山兮气盖世，时不利兮骓不逝。骓不逝兮可奈何，虞兮虞兮奈若何！"这首歌是项羽用来诀别平生最宠爱的美人虞姬和平时常骑的骏马"骓"的，"骓"也就是后人所说的"乌骓马"。项羽在走投无路时与乌骓马诀别，这本来是一个不吉利的典故，白居易当然不会不知道，但他情深难抑，也就顾不上忌讳了。七年以后，白居易从洛阳前往下邽，又一次路经稠桑驿，想起那匹小白马，又写了一首七言绝句来追悼它，后面两句说："马死七年犹怅望，自知无乃太多情！"的确，对一匹马的思念竟然过了七年还不忘情，白居易真是一个多情种子。白居易诗歌创作的总体成就胜于元稹，除了才华更胜之外，感情深挚也是一个有利因素。

附 录

问刘十九

绿蚁新醅酒,红泥小火炉。晚来天欲雪,能饮一杯无?

寄元九

一病经四年,亲朋书信断。穷通各易交,自笑知何晚!
元君在荆楚,去日唯云远。彼独是何人?心如石不转。
忧我贫病身,书来唯劝勉。上言少愁苦,下道加餐饭。
怜君为谪吏,穷薄家贫褊。三寄衣食资,数盈二十万。
岂是贪衣食?感君心缱绻。念我口中食,分君身上暖。
不因身病久,不因命多蹇。平生亲友心,岂得知深浅?

答谢家最小偏怜女

嫁得梁鸿六七年,耽书爱酒日高眠。
雨荒春圃唯生草,雪压朝厨未有烟。
身病忧来缘女少,家贫忘却为夫贤。
谁知厚俸今无分,枉向秋风吹纸钱!

同李十一醉忆元九

花时同醉破春愁,醉折花枝作酒筹。
忽忆故人天际去,计程今日到梁州。

醉后却寄元九

蒲池村里匆匆别,沣水桥边兀兀回。
行到城门残酒醒,万重离恨一时来。

雨夜忆元九

天阴一日便堪愁,何况连宵雨不休。
一种雨中君最苦,偏梁阁道向通州。

舟中读元九诗

把君诗卷灯前读,诗尽灯残天未明。
眼痛灭灯犹暗坐,逆风吹浪打船声。

哭微之

八月凉风吹白幕，寝门廊下哭微之。
妻孥朋友来相吊，唯道皇天无所知。

梦微之

夜来携手梦同游，晨起盈巾泪莫收。
漳浦老身三度病，咸阳宿草八回秋。
君埋泉下泥销骨，我寄人间雪满头。
阿卫韩郎相次去，夜台茫昧得知不？

览卢子蒙侍御旧诗，多与微之唱和，感今伤昔，因赠子蒙，题于卷后

早闻元九咏君诗，恨与卢君相识迟。
今日逢君开旧卷，卷中多道赠微之。
相看掩泪情难说，别有伤心事岂知！
闻道咸阳坟上树，已抽三丈白杨枝。

梁州梦 元稹

梦君同绕曲江头,也向慈恩院院游。
亭吏呼人排去马,忽惊身在古梁州。

沣西别乐天、博载、樊宗宪、李景信两秀才, 侄谷三月三十日相饯送 元稹

今朝相送自同游,酒语诗情替别愁。
忽到沣西总回去,一身骑马向通州。

闻乐天授江州司马 元稹

残灯无焰影憧憧,此夕闻君谪九江。
垂死病中惊坐起,暗风吹雨入寒窗。

与元九书

月日,居易白。微之足下:自足下谪江陵至于今,凡所赠答诗仅百篇。每诗来,或辱序,或辱书,冠于卷首。皆所以陈古今歌诗之义,且自叙为文因

缘，与年月之远近也。仆既受足下诗，又谕足下此意，常欲承答来旨，粗论歌诗大端，并自述为文之意，总为一书致足下前。累岁已来，牵故少暇。间有容隙，或欲为之。又自思所陈亦无出足下之见。临纸复罢者数四，卒不能成就其志，以至于今。今俟罪浔阳，除盥栉食寝外，无余事。因览足下去通州日所留新旧文二十六轴，开卷得意，忽如会面。心所畜者，便欲快言，往往自疑，不知相去万里也。既而愤悱之气思有所泄，遂追就前志，勉为此书。足下幸试为仆留意一省。夫文尚矣！三才各有文。天之文三光首之，地之文五材首之，人之文"六经"首之。就"六经"言，《诗》又首之。何者？圣人感人心而天下和平。感人心者莫先乎情，莫始乎言，莫切乎声，莫深乎义。诗者：根情，苗言，华声，实义。上自贤圣，下至愚呆，微及豚鱼，幽及鬼神，群分而气同，形异而情一。未有声入而不应，情交而不感者。圣人知其然，因其言，经之以六义；缘其声，纬之以五音。音有韵，义有类。韵协则言顺，言顺则声易入；类举则情见，情见则感易交。于是乎孕大含深，贯微洞密。上下通而一气泰，忧乐合而百志熙。五帝、三皇所以直道而行、垂拱而理者，揭此以为大柄，决此以为大宝也。故闻"元首明，股肱良"之歌，则知虞道昌矣。闻"五子洛汭"之歌，则知夏政荒矣。言者无罪，闻者足戒，言者闻者，莫不两尽其心焉。洎周衰秦兴，采诗官废，上不以诗补察时政，下不以歌泄导人情。乃至于谄成之风动，救失之道缺。于时六义始刓矣。《国风》变为《骚》辞，五言始于苏、李。苏、李骚人，皆不遇者，各系其志，发而为文。故"河梁"之句，止于伤别；"泽畔"之吟，归于怨思。彷徨抑郁，不暇及他耳。然去诗未远，梗概尚存。故兴离别，则引双凫一雁为喻；讽君子小人，则引香草恶鸟为比。虽义类不具，犹得风人之什二三焉。于时六义始缺矣。晋、宋已还，得者盖寡。以康乐之奥博，多溺于山水。以渊明之高古，偏放于田园。江、鲍之流，又狭于此。如梁鸿《五噫》之例者，百无一二焉。于时六义浸微矣。陵夷至于梁、陈间，率不过嘲风雪、弄花草而已。噫！风雪花草之物，《三百篇》中岂舍之乎？顾所用何如耳。设如"北风其凉"，假风以刺威虐也。"雨雪霏霏"，因雪以愍征役也。"棠棣之华"，感华以讽兄弟也。"采采芣苢"，美草以乐有子也。皆兴发于此，而义归于彼。反是者可乎哉？

然则"余霞散成绮，澄江净如练"、"离花先委露，别叶乍辞风"之什，丽则丽矣，吾不知其所讽焉。故仆所谓嘲风雪、弄花草而已。于时六义尽去矣。唐兴二百年，其间诗人不可胜数。所可举者，陈子昂有《感遇》诗二十首，鲍防有《感兴诗》十五首。又诗之豪者，世称李、杜。李之作才矣奇矣，人不逮矣。索其风雅比兴，十无一焉。杜诗最多，可传者千余篇，至于贯穿今古，觇缕格律，尽工尽善，又过于李。然撮其《新安吏》、《石壕吏》、《潼关吏》、《塞芦子》、《留花门》之章，"朱门酒肉臭，路有冻死骨"之句，亦不过三四十首。杜尚如此，况不逮杜者乎！仆常痛诗道崩坏，忽忽愤发，或食辍哺，夜辍寝，不量才力，欲起扶之。嗟乎！事有大谬者，又不可一二而言。然亦不能不粗陈于左右。仆始生六七月时，乳母抱弄于书屏下，有指"无"字、"之"字示仆者，仆虽口未能言，心已默识。后有问此二字者，虽百十其试，而指之不差。则仆宿习之缘，已在文字中矣。及五六岁便学为诗，九岁谙识声韵。十五六始知有进士，苦节读书。二十已来，昼课赋，夜课书，间又课诗，不遑寝息矣。以至于口舌成疮，手肘成胝。既壮而肤革不丰盈，未老而齿发早衰白。瞥瞥然如飞蝇垂珠在眸子中也，动以万数。盖以苦学力文所致，又自悲矣。家贫多故，二十七方从乡赋。既第之后，虽专于科试，亦不废诗。及授校书郎时，已盈三四百首。或出示交友如足下辈，见皆谓之工，其实未窥作者之域耳。自登朝来，年齿渐长，阅事渐多。每与人言，多询时务；每读书史，多求理道。始知文章合为时而著，歌诗合为事而作。是时，皇帝初即位，宰府有正人，屡降玺书，访人急病。仆当此日，擢在翰林，身是谏官，月请谏纸，启奏之外，有可以救济人病，裨补时阙，而难于指言者，辄咏歌之。欲稍稍递进闻于上。上以广宸聪，副忧勤；次以酬恩奖，塞言责；下以复吾平生之志。岂图志未就而悔已生，言未闻而谤已成矣！又请为左右终言之。凡闻仆《贺雨》诗，而众口籍籍，已谓非宜矣。闻仆《哭孔戡》诗，众面脉脉，尽不悦矣。闻《秦中吟》，则权豪贵近者相目而变色矣。闻《乐游园》寄足下诗，则执政柄者扼腕矣。闻《宿紫阁村》诗，则握军要者切齿矣。大率如此，不可遍举。不相与者，号为沽名，号为诋讦，号为讪谤。苟相与者，则如牛僧孺之戒焉。乃至骨肉妻孥，皆以我为非也。其不我非者，举世不过三两人。有邓鲂者,见仆诗而喜,无何而鲂死。有唐衢者,见仆诗而泣,未几而衢死。其余则足下,足下又十年来困踬若此。呜呼!岂六义四始之风,天将破坏,不可支持耶?抑又不知天之意,不欲使下人之病苦闻于上耶?不然,何有志于诗者不利若此之甚也!然仆又自思,关东一男子耳。除读书属文外,其他懵然无知。乃至书画棋博可以接群居之欢者,一无通晓,即其愚拙可知矣。初应进士时,中朝无缌麻之亲,达官无半面之旧。策蹇步于利足之途,张空眷于战文之场。十年之间,三登科第。名入众耳,迹升清贯。出交贤俊,入侍冕旒。始得名于文章,终得罪于文章,亦其宜矣。日者又闻亲友间说,礼吏部举选人,多以仆私试赋判传为准的。其余诗句,亦往往在人口中。仆恧然自愧,不之信也。及再来长安,又闻有军使高霞寓者,欲娉倡妓。妓大夸曰:我诵得白学士《长恨歌》,岂同他妓哉?由是增价。又足下书云:到通州日,见江馆柱间有题仆诗者,复何人哉?又昨过汉南日,适遇主人集众乐,娱他宾。诸妓见仆来,指而相顾曰:此是《秦中吟》、《长恨歌》主耳。自长安抵江西,三四千里,凡乡校、佛寺、逆旅、行舟之中,往往有题仆诗者。士庶、僧徒、孀妇、处女之口,每每有咏仆诗者。此诚雕虫之戏,不足为多。然今时俗所重,正在此耳。虽前贤如渊、云者,前辈如李、杜者,亦未能忘情于其间哉!古人云:"名者公器,不可以多取。"仆是何者,窃时之名已多。既窃时名,又欲窃时之富贵,使己为造物者,肯兼与之乎?今之迍穷,理固然也。况诗人多蹇,如陈子昂、杜甫,各授一拾遗,而迍剥至死。李白、孟浩然辈不及一命,穷悴终身。近日孟郊六十,终试协律。张籍五十,未离一太祝。彼何人哉,彼何人哉!况仆之才又不逮彼。今虽谪佐远郡,而官品至第五,月俸四五万,寒有衣,饥有食,给身之外,施及家人,亦可谓不负白氏之子矣。微之,微之!勿念我哉!仆数月来,检讨囊帙中,得新旧诗各以类分,分为卷目。自拾遗来,凡所遇、所感,关于美刺兴比者,又自武德讫元和,因事立题,题为《新乐府》者,共一百五十首,谓之讽谕诗。又或退公独处,或移病闲居,知足保和,吟玩情性者一百首,谓之闲适诗。又有事物牵于外,情理动于内,随感遇而形于叹咏者一百首,谓之感伤诗。又有五言、七言、长句、绝句,自一百韵至两韵者四百余首,谓之杂律诗。凡为十五卷，约八百首。异时相见，当尽致于执事。微之！古人云："穷则独善其身，达则兼济天下。"仆虽不肖，常师此语。大丈夫所守者道，所待者时。时之来也，为云龙，为风鹏，勃然突然，陈力以出。时之不来也，为雾豹，为冥鸿，寂兮寥兮，奉身而退。进退出处，何往而不自得哉！故仆志在兼济，行在独善。奉而始终之则为道，言而发明之则为诗。谓之讽谕诗，兼济之志也。谓之闲适诗，独善之义也。故览仆诗，知仆之道焉。其余杂律诗，或诱于一时一物，发于一笑一吟，率然成章，非平生所尚者，但以亲朋合散之际，取其释恨佐欢。今铨次之间，未能删去，他时有为我编集斯文者，略之可也。微之！夫贵耳贱目，荣古陋今，人之大情也。仆不能远征古旧，如近岁韦苏州歌行，才丽之外，颇近兴讽。其五言诗又高雅闲澹，自成一家之体。今之秉笔者谁能及之？然当苏州在时，人亦未甚爱重，必待身后，然人贵之。今仆之诗，人所爱者，悉不过杂律诗与《长恨歌》已下耳。时之所重，仆之所轻。至于讽谕者，意激而言质；闲适者，思澹而词迂。以质合迂，宜人之不爱也。今所爱者，并世而生，独足下耳。然千百年后，安知复无如足下者出而知爱我诗哉？故自八九年来，与足下小通则以诗相戒，小穷则以诗相勉，索居则以诗相慰，同处则以诗相娱。知吾最要，率以诗也。如今年春游城南时，与足下马上相戏，因各诵新艳小律，不杂他篇。自皇子陂归昭国里，迭吟递唱，不绝声者二十里余，樊、李在傍，无所措口。知我者以为诗仙，不知我者以为诗魔。何则？劳心灵，役声气，连朝接夕，不自知其苦。非魔而何？偶同人当美景，或花时宴罢，或月夜酒酣，一咏一吟，不知老之将至。虽骖鸾鹤、游蓬瀛者之适，无以加于此焉。又非仙而何？微之，微之！此吾所以与足下外形骸，脱踪迹，傲轩鼎，轻人寰者，又以此也。当此之时，足下兴有余力，且欲与仆悉索还往中诗，取其尤长者，如张十八古乐府，李二十新歌行，卢、杨二秘书律诗，窦七、元八绝句，博搜精掇，编而次之，号《元白往还诗集》。众君子得拟议于此者，莫不踊跃欣喜，以为盛事。嗟乎！言未终而足下左转，不数月而仆又继行。心期索然，何日成就？又可为之叹息矣。又仆尝语足下：凡人为文，私于自是，不忍于割截，或失于繁多。其间妍蚩，益又自惑。必待交友有公鉴无姑息者，讨论而削夺之，然后繁简当否，得其中矣。况仆与足下为文尤患其多。己尚病之，况他人乎。今且各纂诗笔，粗为卷第。待与足下相见日，各出所有，终前志焉。又不知相遇是何年？相见在何地？溘然而至，则如之何！微之，微之！知我心哉！浔阳腊月，江风苦寒。岁暮鲜欢，夜长无睡。引笔铺纸，悄然灯前。有念则书，言无次第。勿以繁杂为倦，且以代一夕之话也。微之，微之！知我心哉！乐天再拜。

有小白马，乘驭多时，奉使东行，至稠桑驿，溘然而毙，足可惊伤，不能忘情，题二十韵

能骤复能驰，翩翩白马儿。毛寒一团雪，鬃薄万条丝。
皂盖春行日，骊驹晓从时。双旌前独步，五马内偏骑。
芳草承蹄叶，垂杨拂顶枝。跨将迎好客，惜不换妖姬。
慢整游萧寺，闲驱醉习池。睡来乘作梦，兴发倚成诗。
鞭为驯难下，鞍缘稳不离。北归还共到，东使亦相随。
赭白何曾变？玄黄岂得知？嘶风觉声急，蹋雪怪行迟。
昨夜犹刍秣，今朝尚絷维。卧槽应不起，顾主遂长辞。
尘灭骎骎迹，霜留皎皎姿。度关形未改，过隙影难追。

念倍燕求骏,情深项别骓。银收钩臆带,金卸络头羁。何处埋奇骨?谁家觅弊帷?稠桑驿门外,吟罢涕双垂。

往年稠桑曾丧白马,题诗厅壁。今来尚存,又复感怀,更题绝句

路傍埋骨蒿草合,壁上题诗尘藓生。
马死七年犹怅望,自知无乃太多情!

第八讲
白居易对仕宦的态度

出仕，还是退隐？

中国古代的读书人，都要面临一个人生最重要的问题，那就是：选择出仕，还是退隐？早在先秦时代，士人们就对"出"还是"处"的问题有了深入的思考。所谓"出"，就是出去做官；所谓"处"，就是居家不仕。所以"出处"问题也就是关于出仕和退隐的思考。《易·系辞上》中就说过："君子之道，或出或处。"孟子则说："可以处而处，可以仕而仕，孔子也。"（《孟子·万章下》）为什么古代的士人没有第三种选择呢？原来古代社会与现代社会不一样，古代的读书人如果想有一种比较积极的人生态度，几乎只有一种可能性，那就是出来做官。一个士人做了官，上可以报效国家、服务社会，下可以荣宗耀祖、封妻荫子。如果不做官，这些好处统统都没有了。不像现代的知识分子，不当公务员的话还可以当科学家、工程师，等等，可以有多种多样的选择。古代的读书人即使在科学上有极高的成就，也不会有什么社会地位。比如汉代的张衡，我们都知道他是大名鼎鼎的科学家，也是出色的工程师，要是在现代，张衡一定可以当上两院院士，说不定可以当上三院院士，因为他也完全有资格当上社会科学院的院士。但是古人在南阳张衡墓的墓碑上铭刻的却不是什么科学家的头衔，而是"汉征尚书张公平子墓"，因为张衡最高的官职是尚书。

做官虽然有上述的种种好处，但是古人也清楚地认识到做官的害处，一是官场往往是黑暗、污浊的，长期在官场里混，要想像莲花那样出淤泥而不染，实在是非常困难的。二是官场也往往是危机四伏的，所谓的"宦海风波"，就是古人的经验之谈。所以古代的读书人如果想洁身自好，或者想全身避祸，那就得选择退隐。也就是说，摆在古代读书人面前的人生道路只有两条：一条是出仕，另一条就是退隐，除此之外别无他途，这是他们面临着的两难选择。莎士比亚戏剧中的丹麦王子哈姆雷特说："生，还是死？这是个问题。"换了中国古代的读书人,就应该问自己:"出仕,还是退隐?这是个问题。"

白居易为了实现人生理想而步入仕途,但入仕后的遭遇却很不顺利,那么,白居易为何没有因此而退隐江湖呢?他究竟是如何处理出仕与隐居的关系的呢?换句话说,对于隐还是仕这个古今士人谁都无法逃避的"千古一问",白居易给出的又是怎样的答案呢?

白居易的答案是两个字:"中隐。"

《中隐》是白居易在大和三年(829)写的一首诗,那年他58岁,正在洛阳任太子宾客分司。诗中说:"大隐住朝市,小隐入丘樊。丘樊太冷落,朝市太嚣喧。不如作中隐,隐在留司官。似出复似处,非忙亦非闲。"这几句诗究竟是什么意思呢?

应该说,"中隐"这个词就是白居易发明的,在他以前没有人用过。按照一般人的想法,退隐者当然不能在朝廷里做官,也不能居住在繁华的城市里,而应该生活在远离尘寰的山林里。但是汉代的东方朔发明了一种新的生活方式,就是隐居在朝廷里。据《史记》记载,东方朔曾唱过一首歌:"陆沉于俗,避世金马门。宫殿之中可以避世全身。何必深山之中,蒿庐之下。"东方朔没有明确地拈出"隐居"二字,也没有解释为什么身居朝廷可以算是隐居,但是从东方朔的生平来看,他那种滑稽玩世、佯狂避祸的人生态度,确实与古代传说中的接舆、桑扈等装疯卖傻的隐士比较接近。于是这首歌中所说的"宫殿之中可以避世全身"的生活方式,也就与隐居的精神比较接近。

到了思辨之风比较盛行的东晋,邓粲对东方朔的人生方式作了理论上的解析:"夫隐之为道,朝亦可隐,市亦可隐。隐初在我,不在于物。"(《晋书·邓粲传》)意思是隐居的本质在于精神上的自我,而不在于外在的物质环境。所以只要内心有了"隐"的精神,即使身居朝廷或闹市之中,也可以达到隐居的目的。

值得注意的是,东方朔虽然没有说到"大隐"这个词,但是其意思已经呼之欲出。因为他隐在宫殿之中来避世全身,这可以说是抛弃了传统的隐居方式而保存了隐居的精神,或者说超越了传统的隐居方式且维护了隐居的精神。所以后人往往把东方朔的处世态度称作"大隐",比如李白就有这样的诗句:"世人不识东方朔,大隐金门是谪仙。"(《玉壶吟》)东晋诗人王康琚则首先提出了"大隐"这个名称,他写了一首《反招隐》诗,诗中说:"小隐隐陵薮,大隐隐朝市。"意思是隐居在山林里的人只是"小隐",而"大隐"反而隐居在朝廷或闹市之中。

正是在王康琚诗的基础上,白居易更进一步,提出了

"中隐"的全新方式。白居易认为,像东方朔那样隐居在朝廷或闹市中,未免过于喧嚣。而像传统的隐士那样生活在山林里,则又未免过于冷落。既然如此,不如采取"中隐"的方式,就是虽然做官,但不在朝廷里做大官,而是像自己那样,在洛阳任一个闲职。这种"中隐"的方式,既像是出仕,又像是退隐;既不是忙忙碌碌,也不是无所事事。在这首诗的后面,白居易还进一步说明了"中隐"的种种好处,比如既有充足的俸禄,又无繁忙的公事,所以不但可以免于饥寒,而且可以悠闲度日。诗的后面还说:"人生处一世,其道难两全。贱即苦冻馁,贵则多忧患。唯此中隐士,致身吉且安。"这就把"中隐"的好处说得更加清楚了:隐居必然导致贫贱,难免受冻挨饿。出仕当然会得到富贵,但是往往会引来忧虑和祸患。只有中隐之士,才能避免两者的缺点而保留两者的优点。说白了,白居易所以要选择"中隐"的人生态度,目的就是既获得做官和隐居的双重好处,又避免了做官与隐居的所有害处。

白居易为什么要"中隐"?

让我们从白居易的《中隐》诗说起。首先我们应该注意到，白居易的《中隐》诗是在他58岁那年写的，在唐代，58岁的年龄已经算是进入暮年了，人到暮年，当然免不了暮气沉沉，难免会产生比较消极的思想。然而事实上白居易的消极思想早就产生了。元和十年（815），44岁的白居易因为上书要求朝廷迅速捕捉刺杀宰相武元衡的刺客，从而被贬为江州司马，忠而见谤，悲愤交加，于是写了一篇《自诲》，"自诲"的意思就是自我教训，文中说："人生百岁七十稀，设使与汝七十期，汝今年已四十四，却后二十六年能几时？汝不思二十五六年来事，疾速倏忽如一寐。往日来日皆瞥然，胡为自苦于其间？"意思是人生短促，余年无多，自己不必再像以前那样自讨苦吃了！

我们在第三讲中说过，白居易早年的人生态度是非常积极的，他在政治上勇于进纳忠言，在文学上勇于批判现实，颇有为了正义的事业奋不顾身的气概。但是当他因武元衡被刺事件被朝廷贬官以后，他的人生态度就发生了一百八十度的大转变。对于一个从政的人来说，"忠而见谤"就是人生最大的冤屈，就能造成最大的心灵创伤，从行吟泽畔的屈原，到发愤著书的司马迁，莫不如此。白居易当然也不例外。他在武元衡遇刺的第一时间向朝廷上书，完全是出于正义感和责任感，却反而受到诬陷、打击，不但无人为他伸张正义，而且有人落井下石，这给白居易的心灵造成了难以痊愈的创伤。正巧此时白居易已经人到中年，于是他责问自己：人生七十古来稀，就算自己能活到七十岁，也只剩下二十六年的余生了。光阴如箭，二十五六年的时间还不是一眨眼就过去了？我又何必自讨苦吃呢？白居易被贬江州以后，虽然在杭州、苏州的地方官任上都曾勤于政事，还朝后也能坚持气节，但是总的说来，他的政治热情已经逐步消减了，换句话说，"中隐"的思想在他心中逐渐占据了上风。

前面说过，古代的士人所以会抛弃仕途的种种好处而选择退隐的生活方式，主要是看到了出仕的两大害处：一是官场风气会污染自己的人格，二是宦海风波会戕害自己的生命。在这两个害处中，前者还是有办法避免的，只要自己意志坚定，不肯随波逐流，还存在着出淤泥而不染的可能性。后者则几乎是无法避免的，因为它不是自己的主观意志所能决定的。即使你闭门家中坐，也完全可能祸从天上来。从白居易的人生经历来看，他选择"中隐"的生活方式，主要是为了回避后者，而且确实达到了目的，"甘露之变"就是一个明显的例子。

白居易与"甘露之变"

"甘露之变"发生在唐文宗大和九年(835)十一月。"甘露之变"表面上是个偶然性很强的突发事件,其实是朝中宦官和朝官两大势力长期冲突的必然结果。宦官专权是中唐国家政治肌体上的最大毒瘤,而唐文宗对此更有切身之痛。唐文宗的祖父唐宪宗是被宦官毒死的,他的哥哥唐敬宗则是被宦官杀死的,所以身处宦官包围之中的唐文宗日夜焦虑,坐立不安,一心要除掉宦官。唐文宗于大和元年(827)登基,过了四年,就授意宰相宋申锡铲除宦官,结果未能成功。到了大和九年,唐文宗又与李训、郑注两人谋诛宦官。他任命李训为宰相,郑注为凤翔节度使,让他们内外配合,来铲除宦官。李、郑二人志大才疏,在未做充分准备的情况下仓促行事,于是酿成了"甘露之变"。

"甘露之变"的经过大致如下:大和九年十一月二十一日,唐文宗在紫宸殿早朝,李训的亲信金吾将军韩约诈称左金吾仗院内的石榴树上夜降甘露,李训提议皇帝应亲自前往礼拜这个吉兆,于是文宗移驾含元殿,命宰相率众大臣先往左金吾仗院去察看。众大臣观看后回来说那不像是真的甘露,于是唐文宗便让宦官仇士良、鱼弘志率众宦官再前往查验。李训他们的计划是趁宦官前往左金吾仗院观看甘露时，让事先埋伏在那里的士兵把他们尽行诛杀。没想到事情安排得不够周密，埋伏的军士没有全部及时到位，韩约本人也因惧怕宦官而惊恐失色，以至于宦官头子仇士良心生怀疑，刚走到左金吾仗院就有所察觉。正巧此时风吹开了帷幕，仇士良等人一眼看到幕后躲藏着手握兵器的士兵，转身就逃。宦官逃回含元殿后，胁迫唐文宗乘轿返回内宫，李训、韩约等率金吾卫士及御史台兵卒数百人上前保驾，双方发生激斗。宦官将李训打伤，抬着文宗逃进宣政门，将宫门紧闭，于是朝臣惊散。结果是宦官一方大获全胜。

　　说实话，在当时的形势下，朝官确是斗不过宦官的。一来宦官们专权已久，他们不但掌握着皇宫里最重要的军事力量——神策军，而且直接控制着皇帝本人。即使像唐文宗那种极端厌恶宦官的皇帝，也对宦官束手无策。二来宦官们早在长期的宫廷阴谋中百炼成钢，他们性情歹毒，胆大包天，而且阴险狡诈，多谋善断，连皇帝都敢冒犯，而且能够随意废立甚至杀戮，何况一般的朝官！就拿甘露之变的主角仇士良来说，他在职二十年，就杀掉了两个王、一位皇妃、四位宰相，可谓杀人不眨眼的恶魔。朝官多数是文质彬彬、温良谦恭的士大夫，在宫廷斗争中哪是宦官的对手？

"甘露之变"发生后，宦官迅速控制了局势，便立即对朝官大开杀戒。他们派遣神策军持刀出宫，逢人便杀。接着又关闭城门大行搜捕，恣意杀戮。据史书记载，当宦官们得知李训的秘密计划与唐文宗有关后，他们当着皇帝的面出言不逊，说了许多怨言，唐文宗吓得不敢做声，于是宦官们更加肆无忌惮。除了李训、郑注以外，宰相舒元舆、贾悚、王涯也同时被杀，长安城里血流成河。从此以后，朝政完全控制在宦官手里，唐文宗本人也变成掌控在宦官手中的一个木偶。四年以后，唐文宗对人自称还不如东汉末年的汉献帝。别人问他为什么，他说：汉献帝受制于强大的诸侯，我则受制于家奴！

"甘露之变"发生的那年，白居易64岁，正在洛阳。那年九月，朝廷任命白居易为同州刺史，同州在现在陕西大荔附近，是距离长安很近的一个州，也是相当重要的一个州。白居易没有接受，于是改任太子少傅分司东都，也就是让他继续留在洛阳任闲职。"甘露之变"发生后，白居易在第一时间就在诗歌中有所反映，这首诗的标题就叫《九年十一月二十一日感事而作》，全诗如下："祸福茫茫不可期，大都早退似先知。当君白首同归日，是我青山独往时。顾索素琴应不暇，忆牵黄犬定难追。麒麟作脯龙为醢，何似泥中曳尾龟？"凡是诗歌标题中注明了写作时间，而且是何年何月何日都注得一清二楚，就可以肯定那个日期具有重要的意义。此诗就是如此，"九年"就是大和九年，"十一月二十一日"并不是什么重要的节日或纪念日，它的唯一意义就是"甘露之变"发生的日期。这首诗是不是真的在二十一日那天写成，相当可疑。因为洛阳距离长安虽然不远，但是在唐代的交通条件下，"甘露之变"的消息不可能在当天就传到了洛阳。况且"甘露之变"发生得那样突然，密谋发动的一方一败涂地，仓皇应对的一方反倒侥幸获胜，双方都不可能在当天就发布消息。因此远在洛阳的白居易不可能当天就获知事变的经过。况且诗人于题下注云："其日独游香山寺。"很像事后追记的口吻。那么此诗究竟作于何日？不妨从甘露事变的进程稍作推测：十一月二十一日，事变爆发，宰相王涯被宦官逮捕，不胜拷掠之苦，自诬谋反。二十二日，文宗在宦官的胁迫下使令狐楚草制宣告王涯反状。贾𫖯被捕。二十三日，李训于奔亡途中被捕，自请押送者斩其首。二十四日，神策军用李训的首级引领王涯、贾𫖯、舒元舆至刑场处死。白诗"当君白首同归日"一句，乃用晋人潘岳、石崇之典故。《晋书·潘岳传》载潘、石二人被孙秀诬以谋反之罪，"初被收，俱不相知。石崇已送在市，岳后至，崇谓之曰：'安仁，卿亦复尔耶！'岳曰：'可谓白首同所归。'岳《金谷诗》云：'投分寄石友，白首同所归。'乃成其谶"。白诗用此典咏王涯、贾𫗧、舒元舆、李训"甘露四相"同日遭戮之事，极为精切。这就说明白诗的写作定在"甘露四相"被戮之后，题中所云"九年十一月二十一日"，是写诗时的追记之辞。我的猜测是：白居易在十一月二十一日那天独自前往香山游玩，事后获悉了就在那天发生了"甘露之变"的消息，感慨系之，就写了这首诗，真正的写作日期要稍晚几天。

《九年十一月二十一日感事而作》这首诗的意思比较显豁，并不难懂，我稍微讲解一下。第一句是说人们的灾祸和幸福都是很渺茫的，是无法预料的。因为祸也好，福也好，都带有很大的偶然性，而且它们还会互相转化，就像《老子》中所说的："祸兮福之所倚，福兮祸之所伏。"所以谁能预料？第二句说尽管如此，但是大凡及早从官场急流勇退的人，似乎有先见之明，因为他们由此而避免了祸患。三、四两句暂时搁置一下，先看看后面的四句。"顾索素琴"是用晋代嵇康的典故，嵇康被司马昭杀害，临刑前索要了一张素琴，从容地弹奏了一曲《广陵散》，然后叹息说：《广陵散》于今绝矣！"这句诗是说甘露之变中遇害的人们突然被害，连像嵇康那样临终弹琴都做不到了。"忆牵黄犬"是用秦代李斯的典故，李斯受赵高陷害，被诬谋反，临刑前对他的儿子说：我还想跟你一起牵着黄犬出上蔡东门去打猎，难道还有可能吗？李斯是楚国上蔡人，他的意思是要是当初不到秦国来求仕，一辈子待在家乡，就可以优哉游哉地过完一生。现在却父子俩同日惨遭杀戮，追悔莫及。这句诗是说甘露之变中遇害的诸人在仓促之间突然被杀，根本来不及追悔往事。最后两句说麒麟和龙都因是珍稀之物，所以被人捉来并做成菜肴，哪里比得上乌龟拖着尾巴在泥潭里自由自在地活着呢？这些句子的意思都是指"甘露之变"中罹难的朝官们虽然身居高位，但最终枉被宦官夺去了生命，哪里比得上退隐之士生活在乡野之中，尚能保全生命。

需要多说几句的是三、四两句。白居易在三、四两句中把自己与"甘露之变"中罹难的人进行对比，从而表明了他的态度。上面说过，"白首同归"是用西晋的潘岳与石崇同归于尽的典故，这是毫无疑问的。问题是白居易"当君白首同归日"一句中的"君"是指谁？白居易对这个"君"在"甘露之变"中遇难的态度是悲悯还是幸灾乐祸？

有人说"君"是指王涯，比如宋人章惇就持此说，从而认为此诗"几如幸灾"（详见《诗人玉屑》）。他认为当年白居易因武元衡遇刺事被朝廷贬谪，本来是贬为外州刺史，因王涯落井下石地进了谗言，白居易才受到更重的责罚，最后被贬为江州司马。如今王涯在"甘露之变"中遇害，所以白居易对此事幸灾乐祸，说王涯已死，自己却自由自在地到香山去游玩。王涯曾陷害白居易，确有其事。元和十年（815），宰相武元衡被刺。身居卑职的白居易最早上书要求捕贼雪耻，得罪了朝中权贵，被执政者奏贬江表刺史。时任中书舍人的王涯落井下石，上疏论"居易所犯状迹，不宜治郡，追诏授江州司马"（《旧唐书·白居易传》）。白居易贬为江州司马，王涯难辞其咎。王涯其人，"贪权固宠，不远邪佞"，为相后因行苛政而招民怨，甘露事变中赴刑场，"百姓怨恨，诟骂之，投瓦砾以击之"（《旧唐书·王涯传》）。即使白居易对其下场有幸灾之意，亦不过分。但事实并非如此。白居易与王涯虽有前嫌，其后的关系也很疏远，但白居易从未在诗文中对王涯有过微词。王涯在甘露事变中惨遭宦官杀害，白居易更不可能在这个时刻产生幸灾之心。所以苏轼反对章惇的说法，他反驳说："乐天岂幸人之祸者哉？盖悲之也。"（《东坡志林》）因为东坡敬仰白居易的人品，所以说白居易决不会对王涯遇害幸灾乐祸，这两句诗是为王涯感到悲哀。

对于同一个文学作品，不同的读者会有截然相反的理解，有时读者本人的人品会在解读过程中起到关键的作用。此诗就是如此。章惇与苏东坡这两个读者，一个是彻头彻尾的小人，另一个却是光明正大的君子。章惇本是苏东坡的进士同年，两人还有相当不错的交情，但是当章惇当上宰相以后，却不遗余力地排斥、迫害东坡，先把东坡贬往南海边上的惠州，接着又再贬往海南的儋州，一心盼望东坡死在那瘴烟蛮雾的海南。相反，东坡则对章惇仁至义尽，当东坡从海南北归，章惇被贬往雷州以后，东坡不但不念旧恶，反而托其子致以慰问，还亲手抄录了一道"白术方"带给章惇，让他服食以延年益寿。所以章惇解读白居易的这句诗，是典型的"以小人之心度君子之腹"。而东坡解读此句，则是"以君子之心度君子之腹"。所以东坡的理解是符合白居易的原意的，白居易此诗确实是对包括王涯在内的"甘露之变"死难者的深切哀悼。

对于东坡的解读，我们还可以为他补充一些理由："白首同归"所用之典乃潘岳、石崇同日罹难，这个典故的重点是同归于尽，不能用于单数的对象。如果"当君白首同归日"中的"君"只指王涯一人，那么白居易只能说他"白首独归"，否则的话王涯是与谁"同归"呢？所以此句中的"君"肯定不会单指王涯，而应该泛指"甘露之变"中遇害的多位朝官。在当时被害的所谓"甘露四相"，也就是李训、贾𫗧、舒元舆和王涯四人中，白居易仅与王涯有前嫌，他与贾𫗧、舒元舆两人则交情不薄。两个月前白居易被任命为同州刺史，就与舒元舆的推荐不无关系。况且白居易本人一向坚决反对宦官专权，他虽然与"甘露之变"没有直接的关系，但在感情上肯定是站在朝官一边的，他怎么会对王涯遇害幸灾乐祸！所以，"当君白首同归日，是我青山独往时"两句诗中确实有庆幸之意，但那只是对自己因急流勇退而免遭灾难的庆幸，至于对那些遇害的朝官，白居易是满怀同情的。

宦官专权是中唐政治肌体上最大的毒瘤，当时宦官们掌握着左右神策军，连皇帝自身都受制于他们，故司马光在《资治通鉴》卷263中评议中唐宦官之嚣张气焰："劫胁天子如制婴儿"，"使天子畏之若乘虎狼而挟蛇虺"。白居易对此深恶痛绝，曾公开宣言"危言诋阉寺，直气忤钧轴"（《和梦游春诗一百韵》）。早在宪宗元和年间，时任学士和拾遗的白居易就曾奋不顾身地上书抨击宦官头子俱文珍、李辅光、吐突承璀等，甚至不惜批皇帝之逆鳞。可是当"甘露事变"发生的时候，白居易已经不是三十年前的那位无所畏惧的英年朝士了。早在大和三年（829），白居易以太子宾客分司东都，便开始了他的"中隐"生涯。到了大和九年九月，朝廷任命他为同州刺史，辞疾不赴，十月改授"太子少傅分司东都"，那是一个"月俸百千官二品"（《从同州刺史改授太子少傅分司》）的闲职，白居易对之相当满意。当"甘露事变"的惊人消息传到洛阳时,白居易的心情十分复杂。一方面,他当然痛恨宦官的倒行逆施。另一方面,他又庆幸自己急流勇退,及时避开了朝廷里的政治风波,从而没有像朝中诸臣那样横遭杀身之祸。

"中隐"的道德内涵

白居易的这种人生态度,是不是人们经常说到的"明哲保身"?当然是的。在现代人看来,"明哲保身"是一种消极的人生态度,它在二十世纪下半叶曾经受到十分严厉的批判。其实在古代,"明哲保身"并不是一个贬义词。这个词源于《诗·大雅·烝民》:"既明且哲,以保其身。"孔颖达解释说:"既能明晓善恶,且又是非辨知,以此明哲择安去危,而保全其身,不有祸败。"也就是说,"明哲保身"绝不是同流合污,"明哲保身"的人并不缺乏正确的价值判断,他们完全能够明辨是非善恶的区别,只是选择了远离祸患的安全处境来保全自己而已。当然,"明哲保身"不是积极有为的人生态度,更不是崇高可敬的人生境界,最值得尊敬的人生态度当然是儒家所推崇的"杀身成仁"(《论语·卫灵公》)、"舍生取义"(《孟子·告子上》),是那种为了正义事业"虽千万人吾往矣"(《孟子·公孙丑上》)的大无畏精神。但是在一个政治生态极其恶劣的现实环境里，除了少数特别刚烈的英雄人物之外，一般的人是很难做到以死抗争的。即使是孔子，也曾说过："天下有道则见，无道则隐。"(《论语·泰伯》)所以在污浊的政治环境里急流勇退，是心存正义感但是缺乏献身精神的古代士人往往会选择的一条人生道路。白居易就是这样做的。

不必讳言，在这一点上，白居易的人生境界远远比不上同时代的刘蕡。唐文宗大和二年（828），也就是在"甘露之变"发生的七年之前，刘蕡应制科考试，在对策中用非常激烈的言辞指责宦官专权之祸，试官慑于宦官的淫威而不敢录取，刘蕡因此终生受到压制，抑郁而终。与敢于杀身成仁的刘蕡相比，明哲保身的白居易显然是相形见绌的。刘蕡其人，应该得到后人的尊敬，他也确实得到了足够的尊敬，刘蕡的对策载于史册，在新、旧《唐书》中都被全文收录。在整个唐代，对策被全文收录进正史的，只有刘蕡一人。请大家想一想，一个落榜考生的试卷，却被正史全文收录，可见这份试卷具有多么重大的意义！在这一点上，白居易或许不能像刘蕡那样得到后人的尊敬，但是他应该得到足够的同情。

此外，我们还应该注意到，刘蕡和白居易在大和年间的政治表现发生在不同的年龄段。刘蕡的生年不详，但他于宝历二年（826）进士及第，卒年大约在大中三年（849），估计他要比白居易年轻二十来岁，也就是说，当刘蕡于大和二年（828）应制举对策抨击宦官时，大概只有30多岁，这与白居易在"甘露之变"时的64岁显然属于两个年龄段。一般说来，人在年轻力壮时往往是血气方刚的，等到年老力衰则难免会意志消沉。白居易本人在35岁应制举时撰写的《策林》中对宦官专权提出严厉批评，在38岁、39岁时上书抨击宦官更是毫不留情，可以毫不夸张地说，青壮年时代的白居易的勇气和见识是接近于刘蕡的。当我们评价白居易在"甘露之变"事件中的态度时，应该注意到他已是一个年过花甲的老人了。

当然，白居易的"中隐"思想还有一点内容，那就是避免物质生活的穷困艰辛，因为他在洛阳任闲职毕竟有相当充裕的薪俸收入，可以保障诗酒风流的优裕生活，这与陶渊明那种宁肯忍饥挨饿也要坚决与官场一刀两断的决绝态度是有很大差别的。

附 录

中 隐

大隐住朝市,小隐入丘樊。丘樊太冷落,朝市太嚣喧。
不如作中隐,隐在留司官。似出复似处,非忙亦非闲。
不劳心与力,又免饥与寒。终岁无公事,随月有俸钱。
君若好登临,城南有秋山。君若爱游荡,城东有春园。
君若欲一醉,时出赴宾筵。洛中多君子,可以恣欢言。
君若欲高卧,但自深掩关。亦无车马客,造次到门前。
人生处一世,其道难两全。贱即苦冻馁,贵则多忧患。
唯此中隐士,致身吉且安。穷通与丰约,正在四者间。

自 诲

乐天乐天,来与汝言。汝宜拳拳,终身行焉。
物有万类,锢人如锁。事有万感,热人如火。
万类递来,锁汝形骸。使汝未老,形枯如柴。
万感递至,火汝心怀。使汝未死,心化为灰。
乐天乐天,可不大哀!汝胡不惩往而念来?
人生百岁七十稀,设使与汝七十期,

汝今年已四十四，却后二十六年能几时？
汝不思二十五六年来事，疾速倏忽如一寐。
往日来日皆瞥然，胡为自苦于其间？
乐天乐天，可不大哀！
而今而后，汝宜饥而食，渴而饮，昼而兴，夜而寝。
无浪喜，无妄忧。病则卧，死则休。
此中是汝家，此中是汝乡。
汝何舍此而去，自取其遑遑？
遑遑兮欲安往哉？乐天乐天归去来！

九年十一月二十一日感事而作

其日独游香山寺

祸福茫茫不可期，大都早退似先知。
当君白首同归日，是我青山独往时。
顾索素琴应不暇，忆牵黄犬定难追。
麒麟作脯龙为醢，何似泥中曳尾龟？

反招隐 王康琚

小隐隐陵薮，大隐隐朝市。伯夷窜首阳，老聃伏柱史。
昔在太平时，亦有巢居子。今虽盛明世，能无中林士。
放神青云外，绝迹穷山里。鹍鸡先晨鸣，哀风迎夜起。
凝霜凋朱颜，寒泉伤玉趾。周才信众人，偏智任诸己。
推分得天和，矫性失至理。归来安所期？与物齐终始。

玉壶吟 李白

烈士击玉壶，壮心惜暮年。
三杯拂剑舞秋月，忽然高咏涕泗涟。
凤凰初下紫泥诏，谒帝称觞登御筵。
揄扬九重万乘主，谑浪赤墀青琐贤。
朝天数换飞龙马，敕赐珊瑚白玉鞭。
世人不识东方朔，大隐金门是谪仙。
西施宜笑复宜颦，丑女效之徒累身。
君王虽爱蛾眉好，无奈宫中妒杀人。

第九讲
白居易的生活态度

从朱熹对白居易的批评说起

白居易字乐天,我们在第一讲中就说过,"居易"的名取自《礼记》的《中庸》篇:"君子居易以俟命。"意思是君子自处于平安的境地以听天任命。"乐天"这个字则是源于经典《周易》中"乐天知命故不忧"的句子,意思是乐于顺应天命,所以没有忧虑。白居易在政治上的行为,尤其是他在受到打击、被贬谪江州以后的行为,确实体现出乐天知命的态度。那么,抱着这种人生态度的白居易,其实际生活究竟过得如何呢?他究竟有没有实现自己的人生目标,而后人又是如何评价这种人生态度的呢?

让我们先从后人对白居易的评论说起。白居易的知足常乐的思想，曾受到南宋理学宗师朱熹的严厉批评。朱熹说："乐天，人多说其清高，其实爱官职。诗中凡及富贵处，皆说得口津津地涎出。"（《朱子语类》卷140）朱熹认为，白居易是假清高，他嘴上说淡薄名利，心里却想着高官厚禄。所以白居易在诗歌里一说到富贵，就连口水都淌下来了。宋代的理学家，对于人格道德的要求是非常严格的。《朱子语类》这本书中记载了朱熹平时与弟子们的谈话，他们说到了许许多多的历史人物，其中没有受到朱熹严厉批评的人物简直是凤毛麟角。在如此严厉，几乎接近于苛刻的目光的审视下，连屈原、杜甫都是有缺点的，更不用说白居易了。那么，朱熹对白居易的批评是否准确、是否公正呢？让我们先从白居易的实际表现说起。

毫无疑问，白居易对于自己的官职高低是很在意的。会昌元年（841），70岁的白居易感慨地说："同时六学士，五相一渔翁。"（《李留守相公见过，池上泛舟举酒，话及翰林旧事，因成四韵以献之》）这首诗是写给李程的，李程曾与白居易同任翰林学士，后于唐敬宗宝历年间（825—826）出任宰相。这两句诗是说当年与白居易同任翰林学士的六个人中，其余的五个人，就是李程、王涯、裴垍、李绛、崔群，日后都当上了宰相，只有白居易一个人官位低下，所以自称"渔翁"。这样的诗句，当然包含着一些牢骚之意，就是别人都飞黄腾达，官至宰辅，而自己却沉沦下僚。在帝制时代里，读书人的唯一出路就是入仕做官。一旦进入了仕途，当然会在意官职的高低，当然会在意升迁的快慢，这也是人之常情。像白居易那样，与自己同时就任翰林学士的别人全当上了宰相，而自己的最高官职不过是太子少傅，虽然位至二品，但毕竟只是个荣誉性质的虚衔，与"一人之下，万人之上"的宰相不可同日而语。在这种情况下，白居易心中有点牢骚，也无可厚非。我们在前面的几讲中说过，白居易在朝廷里任职时曾经多次奋不顾身地上书言事，甚至不惜得罪执政的宰相乃至皇帝本人，那样做的结果肯定是被贬谪，聪明过人的白居易岂会不懂，但是他坚定地表示："誓心除国蠹，决死犯天威。"(《和阳城驿》)连身家性命都在所不顾了，哪里还说得上爱什么官职！

那么，朱熹的话是否纯属无中生有的肆意诬蔑呢？倒也未必。因为白居易的诗歌中确实经常说到官职，不但说到官职，还进而说到与官职有关的俸禄与品服，不过并没有达到"口津津地涎出"的程度。南宋的洪迈最早注意到白居易喜欢在诗中咏及俸禄，洪著《容斋五笔》卷6有《白公说俸禄》条："白乐天仕宦，从壮至老，凡俸禄多寡之数，悉载于诗。虽波及他人，亦然。"清人赵翼则在他的《瓯北诗话》中专设两条，一条专论白居易诗歌中记载俸禄收入的内容："香山历官所得，俸入多少，往往见于诗。"另一条专论白居易诗歌中记载官品服色的内容："香山诗不惟记俸，兼记品服。"赵翼还说白诗中的这些内容可以抵当史书中的《职官志》《食货志》与《舆服志》，话说得相当风趣。赵翼所说的三种"志"都是纪传体史书与官职有关的典章制度，像《职官志》是记朝廷里有哪些官，什么官是几品；《食货志》是记经济方面的情况，也记载着官员们的俸禄是多少；《舆服志》就是专门记官的品服的，包括应该坐什么马车，都有具体的规定。赵翼说，这些内容在白居易的诗里全都有了，抵得上《旧唐书》中的《职官志》《食货志》和《舆服志》了。

赵翼所说的三种志都是指《旧唐书》而言的，因为在《新唐书》中，《职官志》和《舆服志》分别改称为《百官志》和《车服志》了。在《瓯北诗话》的第一条中，赵翼举了白诗中的八个例子，分别记载了白居易在当校书郎、盩厔县县尉、京兆户曹参军、江州司马、太子宾客分司、刑部侍郎、太子少傅七个职位上的俸禄收入，以及以刑部尚书的身份退休后的"半俸"的金额。由于白居易经常在诗中写到自己的俸禄，也由于他的仕宦经历非常丰富，当过的官职相当多样化，所以一部白诗确实记载了有关唐代官俸的丰富史料。赵翼既是文学批评家，又是史学家，他对白居易诗中的这个内容予以关注，实在是意料中事。

白居易在诗中记叙俸禄、品服

白居易在诗中记叙的官职及俸禄等情况居然可与正史的志书相提并论，似有夸张之嫌。但是陈寅恪先生在《元白诗中俸料钱问题》一文中指出："关于唐代官吏俸料钱制度，今《唐会要》玖壹至玖贰《内外官料钱》门、《册府元龟》伍佰陆《邦计部俸禄》门及《新唐书》伍伍《食货志》诸书，所载皆极不完备，故元白诗中俸料问题，颇难作精密之研究，仅能依据《会要》《册府》所载贞元四年京文武及京兆府县官元给及新加每月当钱之数，并《新唐书·食货志》所载会昌时百官俸钱定额，与元白诗文之涉及俸料钱者，互相比证，以资推论，盖元白著作与此二时代相距最近故也。"连现代史学大家都这样说，可见白居易诗中有关俸禄的记载确实具有重要的史料价值。

我们依年代为序来看白居易诗中咏及俸禄的代表作：贞元十六年（800），29岁的白居易进士及第，31岁登书判拔萃科，32岁授秘书省校书郎。校书郎的品级为正九品上，这是白居易仕途的起点。白居易作《常乐里闲居，偶题十六韵》以咏其时的官衙生活："小才难大用，典校在秘书。三旬两入省，因得养顽疏。茅屋四五间，一马二仆夫。俸钱万六千，月给亦有余。既无衣食牵，亦少人事拘。遂使少年心，日日常晏如。"虽稍有怀才不遇之感，但对每月一万六千的俸钱还算满意。35岁罢校书郎，授盩厔尉。盩厔属京兆府，为赤县，县尉的品级是从八品下。白居易此期诗中未及其俸钱，惟《观刈麦》诗中云："吏禄三百石，岁晏有余粮。""三百石"或是将禄米与月俸钱折算合计，再加上职分田的产出，从而得出全年总收入的约数。由于《观刈麦》这首诗咏及农夫种粮之艰辛及贫妇人拾取麦穗充饥等事，故诗中不说钱币而专说粮食。

元和十年（815），44岁的白居易因上疏请捕行刺宰相之贼而被贬为江州司马。从京官贬为远州散员，这是白居易在仕途中遇到的最大挫折。次年，有友人寄书前来表示安慰，白居易作《答故人》云："故人对酒叹，叹我在天涯。见我昔荣遇，念我今蹉跎。问我为司马，官意复如何？答云且勿叹，听我为君歌。我本蓬荜人，鄙贱剧泥沙。读书未百卷，信口嘲风花。自从筮仕来，六命三登科。顾惭虚劣姿，所得亦已多。散员足庇身，薄俸可资家。省分辄自愧，岂为不遇耶。烦君对杯酒，为我一咨嗟。"此诗故作旷达之语，故称"薄俸可资家"云云。那么，白居易在江州到底有多少俸禄呢？白居易刚到江州，便写信给好友元稹说："今虽谪佐远郡，而官品至第五，月俸四五万。"三年之后，白居易在《江州司马厅记》中说："案唐典，上州司马，秩五品，岁廪数百石，月俸六七万。"为何关于月俸有两种说法？陈寅恪先生指出："实由《与元九书》中江州司马月俸之数，乃其元和十年初冬始到新任时，仅据官书纸面一般通则记载之定额而言，其时尚未知当日地方特别收入之实数。至元和十三年秋，作《江州司马厅记》时，则莅任已行将四年，既知其地方特别之实数，遂于官舍厅记中言及之。"和《答友人》诗与《与元九书》一样，《江州司马厅记》中说到俸禄数目，也是为了表达旷达之意。文中先叙说州郡司马是仅有俸禄而无职责之散官，进而大发议论："莅之者，进不课其能，退不殿其不能，才不才一也。若有人畜器贮用、急于兼济者居之，虽一日不乐。若有人养志忘名、安于独善者处之，虽终身无闷。……州民康，非司马功。郡政坏，非司马罪。无言责，无事忧。噫！为国谋，则尸素之尤蠹者。为身谋，则禄仕之优稳者。予佐是郡，行四年矣。其心休休如一日二日，何哉？识时知命而已！"这当然是正言反说的牢骚之语，但也是对自己

"乐天知命故不忧"的人生态度的生动阐释。随着官职渐高，俸禄渐厚，白居易咏及俸禄的诗作也越来越多。大和三年（829），白居易任太子宾客分司，官居正三品，月俸高达七八万，乃作《再授宾客分司》云："俸钱七八万，给受无虚月。"大和九年（835），白居易任太子少傅，官居从二品，月俸突破十万，乃作《从同州刺史改授太子少傅分司》云："月俸百千官二品，朝廷雇我作闲人。"连篇累牍，不胜枚举。

除了俸禄以外，白居易也喜欢咏及舆服，主要是品服。唐代官员的服色有极其严格的规定，《唐会要》卷31《章服品第》云："三品已上服紫，四品五品已上服绯，六品七品以绿，八品九品以青。"《旧唐书·舆服志》则分得更细：三品以上服紫，四品服深绯，五品服浅绯，六品服深绿，七品服浅绿，八品服深青，九品服浅青。当然，这里的品级是指阶官，而不是职事官。白居易诗中咏及品服，是从江州司马任上开始的。白居易在江州曾作《祭匡山文》、《祭庐山文》，皆自称"将仕郎、守江州司马"，江州司马是职事官，品级为从五品下；将仕郎是阶官，品级是从九品下。《琵琶行》中"座中泣下谁最多，江州司马青衫湿"之句往往使读者产生疑惑：江州司马的品级是从五品下，按理说可服浅绯，为何诗人却穿着一领青衫呢？原因就在于品服是依阶官品级而定的,"将仕郎"的品级是从九品下,白居易的官服只能是浅青色,元和十二年所作《春去》即云"青衫不改去年身"。白居易终于迎来了改变服色的机会,元和十三年(818)冬,白居易转忠州刺史,乃作《初着刺史绯答友人见赠》:"故人安慰善为辞,五十专城道未迟。徒使花袍红似火,其如蓬鬓白如丝。且贪薄俸君应惜,不称衰容我自知。银印可怜将底用?只堪归舍吓妻儿。"忠州属于下州,下州刺史的品级为正四品下,此时白居易的阶官仍是将仕郎,为何就能"着绯"呢?原来这得益于当时的"借绯"制度。《通典·礼二三》载:"开元八年二月,敕都督、刺史品卑者借绯及鱼袋。"以后循为通例。白居易平生第一次穿上绯袍,颇觉耀眼,故称其"红似火"。可惜好景不常,元和十五年(820),白居易被召为尚书司门员外郎,其阶官则升为朝议郎(见元稹《白居易授尚书主客郎中知制诰制》)。朝议郎属正六品上,不够资格"著绯"。而此时的白居易因免去忠州刺史之职而失去"借绯"的资格,故作《初除尚书郎脱刺史绯》云:"便留朱绂还铃阁,却着青袍侍玉除。无奈娇痴三岁女,绕腰啼哭觅银鱼。"不久他升任中书省主客郎中,阶官则仍为朝议郎,仍未获得"着绯"的资格,乃在诗中大发牢骚,作《重和元少尹》云:"凤阁舍人京亚尹,白头俱未着绯衫。"又作《朝回和元少尹绝句》云:"朝客朝回回望好,尽纡朱紫佩金银。此时独与君为伴,马上青袍唯两人。"按理说属于正六品上的朝议郎应著深绿,不知白诗为何说是"青衫"。考虑到白居易在江州"着青"时曾作诗赠元稹称"折腰俱老绿衫中"(《忆微之》),或许诗人将青、绿视为类似之服色,反正它们都是低品级官员所服。直到长庆元年(821),白居易的阶官升为从五品下的朝散大夫,才能名正言顺地"着绯",乃作《酬元郎中同制加朝散大夫书怀见赠》以志喜:"五品足为婚嫁主,绯袍着了好归田。"当然,对于自己年及半百始得著绯,白居易又不免伤感,乃作《初着绯戏赠元九》云:"那知垂白日,始是着绯年。"太和元年(827),白居易任秘书监,赐金紫。乃作《初授秘监并赐金紫闲吟小酌偶写所怀》:"紫袍新秘监,白首旧书生。鬓雪人间寿,腰金世上荣。"此时白居易的阶官是中大夫,属从四品下,按例仍不够服紫的资格,因蒙恩"赐金紫",故得身服紫袍、腰佩金鱼袋,他终于获得了"金紫"这个最高等级的品服。以后历仕河南尹、太子宾客、太子少傅分司等职,品服未变,正如其《自宾客迁太子少傅分司》所云:"勿谓身未贵,金章照紫袍。"会昌二年(842),白居易致仕,他在《香山居士写真诗序》中自称"罢太子少傅为白衣居士",意即脱下官服改穿白衣。此时白居易年已七十,五年后他就与世长辞了。从青、绿到绯、紫，白居易穿过了唐代官员品服的全部服色。将此类白诗排比在一起，确实有点《舆服志》的意味。

怎样看待白居易对俸禄的态度

对于白居易经常在诗中记叙其俸禄与品服，我们应该如何看待呢？

首先，当官受禄，本是古代士人的生活常态，否则如何养家活口？孟子把"家贫亲老，不为禄仕"视为"不孝有三"之一（见《孟子·离娄上》赵岐注），东汉人毛义为奉养母亲乃奉檄而喜（见《后汉书》卷39），晋人陶渊明因"母老子幼，就养勤匮"（颜延之《陶征士诔》）而出仕，都被后代士人视为出处之典范。元和五年（810），正任左拾遗的白居易向朝廷请求改除自己为京兆府户曹，他在《奏陈情状》中称："臣母多病，臣家素贫。甘旨或亏，无以为养；药饵或缺，空致其忧。"且明言后一职位"资序相类，俸禄稍多"。待到他如愿改仕后，乃作《初除户曹喜而言志》称"诏授户曹掾，捧认感君恩。感恩非为己，禄养及吾亲"，又云："俸钱四五万，月可奉晨昏。廪禄二百石，岁可盈仓囷。喧喧车马来，贺客满我门。不以我为贪，知我家内贫。"对于白居易关心俸禄的行为，不足深责。况且白居易咏及俸禄时，往往联想到为官的责任，并以此自我警诫。比如元和元年（806）他在盩厔县当县尉时写的《观刈麦》一诗中说："吏禄三百石，岁晏有余粮。念此私自愧，尽日不能忘。"这是白居易面对农民终年劳苦仍然食不果腹的窘境，从而对自己坐享官禄而感到惭愧。又如元和四年（809），白居易在左拾遗任上作《醉后走笔酬刘五主簿长句之赠》云："月惭谏纸二百张，岁愧俸钱三十万。"宝历元年（825），白居易在苏州刺史任上作《题新馆》云："十万户州尤觉贵，二千石禄敢言贫。重裘每念单衣士，兼味常思旅食人。"太和三年（829），白居易在刑部侍郎任上作《和〈自劝〉》诗云："不知有益及民无？二十年来食官禄。就暖移盘檐下食，防寒拥被帷中宿。秋官月俸八九万，岂徒遣尔身温足？勤操丹笔念黄沙，莫使饥寒囚滞狱。"在享受俸禄时能够自我警惕且推己及人，这与韦应物《寄李儋元锡》中"身多疾病思田里，邑有流亡愧俸钱"之句所达到的思想境界相当接近，据说朱熹称道这两句韦诗且曰"贤矣"（见《瀛奎律髓》卷6引），不知为何对上述白诗视而不见。

其次，白居易认为丰盈的俸禄有利于官员的廉洁，他在题作《使官吏清廉》的一篇《策林》中指出:"臣以为去贪致清者,在乎厚其禄、均其俸而已。夫衣食缺于家,虽严父慈母不能制其子,况君长能检其臣吏乎?冻馁切于身,虽巢、由、夷、齐不能固其节,况凡人能守其清白乎?……今欲革时之弊,去吏之贪,则莫先于均天下课料重轻,禁天下官长侵刻。使天下之吏温饱充于内,清廉形于外,然后示之以耻,纠之以刑。如此则纵或为非者,百无一二也。"这种类似"高薪养廉"的观念也许过于理想化,但至少白居易本人是身体力行的。白居易曾在杭州、苏州担任刺史,杭、苏都是富甲一方的东南大邦,是最容易实现"三年清知府,十万雪花银"的地方。但白居易任杭州刺史三年,离任时作《三年为刺史》云:"三年为刺史,饮水复食蘖。唯向天竺山,取得两片石。此抵有千金,无乃伤清白?"无独有偶,白居易离任苏州刺史时,作《自喜》诗云:"身兼妻子都三口,鹤与琴书共一船。"二诗皆表其清廉自守之志。相传他离杭时"俸钱多留守库,继守者公用不足,则假而复填,如是五十余年"(见《唐语林》卷2)。虽属传闻,当亦事出有因。白居易晚年捐出家财募人凿去洛阳龙门山八节滩的险礁,也证明他绝非爱财之人。洪迈在《容斋随笔》中列举了二十多首咏及俸禄的白诗,赞曰:"后之君子,试一味其言,虽曰饮贪泉,亦知斟酌矣!""贪泉"是一处泉水,地处广州城北三十里的石门,即现在的南海县西北,晋代有这样的传说:即使是清廉之人,只要一饮此泉,便会变得贪得无厌。洪迈的意思是,后代的君子只要细细体味白居易的诗句,即使每天都饮贪泉,也不会变得贪婪。也就是只要能像白居易那样在俸禄之外别无所求,就会远离贪污。我们在前面也讲过白居易在杭州、苏州当地方长官时廉洁自守的情况,洪迈的说法是符合事实的。现在人们对公布官员收入的呼声越来越高,白居易简直是古代官员主动向社会大众申报个人收入的模范,我看不但不应受到指责,反倒应该得到表扬。

白居易对品服的态度也可作为旁证,例如元和十三年(818)在江州作《王夫子》云:"吾观九品至一品,其间气味都相似。紫绶朱绂青布衫,颜色不同而已矣!"但一来此种例子极其罕见,二来此诗是为了安慰朋友"委身下位无为耻",乃故作诡激之语,不足当真。白诗也有咏及官服但醉翁之意不在酒,如宝历元年(825)在苏州刺史任上作《故衫》云:"暗淡绯衫称老身,半披半曳出朱门。袖中吴郡新诗本,襟上杭州旧酒痕。残色过梅看向尽,故香因洗嗅犹存。曾经烂熳三年著,欲弃空箱似少恩。"这件"绯衫"本是刺史的品服,但此诗的主旨并不在此,正如《唐宋诗醇》所评:"所咏止一衫,而衫之色香襟袖,衫之时地岁月,历历清出,并着衫之人身分性情,亦曲曲传出,却又浑成熨贴,无一点安排痕迹,亦绝不假一字纤巧雕琢,此香山擅长处。"这是一首情深意长的抒情诗,"绯衫"只是诗人抒情的一个象征物而已。此外,白居易亦曾咏及家常衣服,例如元和十三年(818)《元九以绿丝布白轻褣见寄制成衣服以诗报知》:"绿丝文布素轻褣,珍重京华手自封。贫友远劳君寄附,病妻亲为我裁缝。袴花白似秋云薄,衫色青于春草浓。欲着却休知不称,折腰无复旧形容。"此衣虽然也是一领青衫,但并非官家之品服,故白居易非但没有嫌弃它,反而赞美说"衫色青于春草浓"!

那么,为什么朱熹要对白居易严词指责呢?一方面当然是宋代理学家论人之苛刻使然,要想让朱熹满意,除非是圣贤才行,而白居易显然不是个圣贤。另一方面,也与古人对于财富的态度有关。儒家一向标榜"言义而不言利",当孟子去见梁惠王时,梁惠王开口就问:"叟不远千里而来,亦将有以利吾国乎?"意思是老先生远道而来,会对我的国家有很大的利益吧。可是孟子却回答说:"王何必曰利?亦有仁义而已矣。"(《孟子·梁惠王上》)意思是大王何必要说利益呢?只要说仁义就行了。这种"言义而不言利"的态度后来几乎成为士大夫阶级的传统,至少在口头上必须如此,否则就会被看作贪婪或庸俗。试看晋人王衍"口不言钱"的故事：王衍以高雅自命，嘴里从来不说"钱"这个字。有一次，其妻郭氏趁王衍在床上睡觉，让丫鬟用铜钱堆满床的四周，让王衍无法下床行走。她的用心很明显：王衍起床时无法从钱堆里走出来，一定要呼人前来把钱挪开，那时看你说不说这个"钱"字！没想到王衍早晨醒来，看到四周堆满了钱，就叫丫鬟前来，说："举却阿堵物！""阿堵物"是当时的口语，意思是"这个东西"。请看，王衍到底还是没有说出"钱"这个字来，这不是非常清高吗？可是王衍其实只是假清高而已。他的妻子郭氏是以贪婪著称的，她利用王衍身居高位的有利条件，"聚敛无厌，干豫人事"（《世说新语·规箴》）就是既贪污受贿，又干预朝廷里的人事任免，干预人事当然也是为了贪污受贿。《世说新语》以及它的各种注本中没有说明郭氏干预的是什么人事，但我想既然"干豫人事"与"聚敛无厌"并列在一起，那多半是干预朝廷里的人事安排，而不是家庭里的人事，因为只有前者才能与聚敛发生关系。郭氏的夫君是朝廷里大权在握的三公，她完全有条件通过"干豫人事"来进行聚敛。王衍曾做过中书令、尚书令、太尉，他虽然位居三公，却对妻子贪污之事不闻不问。说实话，我很怀疑他是故意纵容妻子受贿而使自己免遭批评，这种伎俩在现代社会里也相当常见。而且王衍是出身高门贵族的大官僚，一生享尽荣华富贵，时人王隐针对"口不言钱"这件事批评他说："夷甫求富贵得富贵，资财山积，用不能消，安须问钱乎？而世以不问为高，不亦惑乎？"(《世说新语·规箴》注引《晋书》）王隐的话可谓一针见血，王衍家里的钱财怎么也用不完，他当然不用说"钱"这个字。也就是说，王衍的口不言钱是彻头彻尾的假清高。所以我认为，与其像王衍那样虚伪地口不言钱，还不如像白居易那样诚实地说说俸禄为好。

白居易的实际生活是否快乐？

那么，知足常乐的白居易的实际生活到底是否快乐呢？或者说他的人生是否美满幸福呢？明代的袁宗道曾称白居易是"世间第一有福人"，并把自己的人生遭遇与白居易相比，认为自己有七个方面不如白居易。(《寄三弟》,《白苏斋类集》卷16）这七个方面是：一、白居易才高名盛，文名远扬至于外国；二、白居易离开杭州、苏州刺史任后家有余财，还拥有太湖石、华亭鹤等玩赏之物；三、白居易在洛阳拥有华丽的住宅；四、白居易有家妓樊素、小蛮；五、白居易官至三品；六、白居易有元稹、刘禹锡那样的诗友互相唱和；七、白居易寿至八十，且身体健康。袁宗道是非常崇拜白居易的，堪称白居易的隔代粉丝。但是他对白居易生平的了解显然不够准确，比如白居易官至二品而不是三品，又如白居易只活了七十五岁而没有寿至八十，而且他的健康状态并不很好，等等。但是大体说来，袁宗道把白居易的"有福"归结为七个方面还是相当全面的。这七个方面其实可以分成两大类，第一类属于物质生活的范围，第二类则属于精神生活的范围。第二类我想放在下一讲再说，现在先看第一类，也就是袁宗道所说的二、三、四这三条。

先看第二条。前面说过，白居易在杭州、苏州任刺史时能做到廉洁奉公，但是由于俸禄优厚，所以他确实是家有余财。他离开杭州时能捐出一部分俸禄归入公库，就是家有余财的证明。这方面我们在前面几讲中已经有所涉及，不再多说。现在为大家说说太湖石和华亭鹤的情况。白居易有一首诗叫作《池上篇》，是咏他在洛阳的履道里的住宅的。此诗的序言中说他离开杭州时，曾带走天竺山的石头一片、华亭鹤两只。又说他离开苏州时，曾带走太湖石、白莲、折腰菱、青板舫等物。他把这些东西都带到洛阳，来装点他的园林。他对此感到十分满意，诗中说："灵鹤怪石，紫菱白莲。皆吾所好，尽在我前。"又说自己："识分知足，外无求焉。"应该说，作为一个退休的高级官员，白居易拥有这些物品，是不算过分的。白居易在这些高雅之物的陪伴下安度晚年，确实体现出知足常乐的人生态度。

再看第三条。长庆四年（824），53岁的白居易以太子左庶子的职位分司洛阳，卜居于履道里。他从一户姓田的人家买下一所故宅，当时手中的现钱不够，就用两匹马补足差价。这所住宅与裴度、崔群的宅第相邻。这里地方幽静，伊水从西边的院墙下流过，为园中水池注入活水。住宅的总面积有十七亩，其中房屋的面积为三分之一，水面占五分之一，竹林占九分之一。除了一般的居室外，白居易还特地筑了一间粮仓和一个书库，也就是储备了物质和精神两方面的食粮。以后白居易曾有四年离开洛阳到外地做官，58岁那年回到洛阳，从此一直生活在这所住宅里，直到去世。也就是说，白居易在洛阳履道里的住宅里一共生活了十八年之久。履道里的住宅算是豪宅吗？也许算吧。至少以今天的标准来看，占地达十七亩，肯定是超级豪宅了。但在唐代，人少地旷，官员们的住宅占地十余亩是不算稀奇的。要是与同时代的裴度的绿野堂，或是李德裕的平泉庄相比，白居易的住宅就相形见绌了。所以绿野堂、平泉庄名垂千载，屡屡出现于后代的诗文，白居易的履道里宅却默默无闻。北宋的李格非写了一篇《洛阳名园记》，专记北宋洛阳的十九处名园,如果让他把记载范围扩大到唐代的洛阳名园,那么绿野堂、平泉庄肯定会入选,而白居易的履道里宅则多半会落选。

最引人注目,也最值得讨论的也许是第四条。白居易拥有家妓,不但文献中有明文记载,而且白居易本人的作品中也直言不讳。晚唐孟启的《本事诗·事感》中说:"白尚书姬人樊素善歌,妓人小蛮善舞。尝为诗曰:'樱桃樊素口,杨柳小蛮腰。'年既高迈,而小蛮方丰艳,因为《杨柳》之词以托其意,曰:'一树春风万万枝,嫩于金色软于丝。永丰坊里东南角,尽日无人属阿谁?'"孟启所引的前面两句诗流传很广,"樱桃小口"、"杨柳细腰"从此成为描写美女的两个成语,"小蛮腰"还成为许多现代女性追求不已的审美标准。这两句诗不见于任何版本的白居易诗集,所以有人怀疑孟启的记录不真实。白居易有一个名叫樊素的家妓,人们没有异议。开成四年(839),68岁的白居易写了一首《不能忘情吟》,他在序中明白指出自己有一个家妓名叫樊素,善于唱《杨柳枝》,人们多以这个曲名称呼她。又说他有一匹骆马,已经骑了多年。现在自己年迈多病,决心把樊素放出去,把骆马卖掉。由此可见,樊素确实是白居易的一个家妓。至于"小蛮",则有人认为这个人是子虚乌有的,因为白居易的诗集中只写到过一次"小蛮"，即《晚春酒醒寻梦得》："还携小蛮去，试觅老刘看。"句下有自注说："小蛮，酒榼名也。""酒榼"就是酒杯。还有《夜招晦叔》中也有"小花蛮榼二三升"的句子，分明也是指酒杯而言。（详见清蔡立甫《红蕉诗话》、沈涛《匏庐诗话》）但是在白居易的《对酒有怀，寄李十九郎中》一诗中有"往年江外抛桃叶，去岁楼中别柳枝"二句，句下分别有白居易的两条自注，上句之末说："结之也。"下句之末又说："樊、蛮也。""结之"就是陈结之，是白居易在杭州时所娶的姬妾，后来白居易没有带她回洛阳。有人说诗中的"桃叶"就是那个姬妾的名字，其实只是用典，东晋的王献之的爱妾名叫桃叶，王献之送桃叶在南京秦淮河与青溪的合流处渡河，写了一首歌来送她："桃叶复桃叶，渡江不用楫。但渡无所苦，我自迎接汝。"后人就把那个地方称为"桃叶渡"。至于"樊、蛮"当然是指樊素与小蛮。此外还有一个证据：白居易的《天寒晚起，引酌咏怀，寄许州王尚书、汝州李常侍》一诗中说："四海故交惟许汝，十年贫健是樊蛮。""许汝"是指许州刺史检校礼部尚书王彦威和汝州刺史李常侍两个人，按照对仗的规律，"樊蛮"也应该指两个人，即樊素和小蛮。此外，白居易68岁那年所写的《病中诗十五首》中有《卖骆马》和《别柳枝》两首，前一首咏将售骆马之事，第二首咏将放家妓之事。第二首诗原文如下:"两枝杨柳小楼中,嫋娜多年伴醉翁。明日放归归去后,世间应不要春风。"后人多谓"杨柳"是指樊素,但是咏樊素一个人何必用"两枝杨柳"来比拟?我怀疑这首诗兼指樊素、小蛮而言。当然,由于材料缺乏,这个问题很难得到确切的答案,但白居易有家妓则是不争的事实。

从上面的材料来看,袁宗道说白居易的物质生活过得很好是符合事实的,这是中唐时代一位高级官员的实际生活水平。白居易既不是像陶渊明那样躬耕乡里的隐士,也不是像杜甫那样的乱世漂泊者,他官至二品,71岁才真正退休,他当然能享受相当优裕的物质生活。我觉得重要的不是白居易的实际生活过得怎么样,而是他对物质生活持什么态度。应该说,白居易是一个实实在在的普通人,他对于物质享受既不拒绝,也不刻意追求。前面说过,白居易写过一首《池上篇》,这首写于大和四年(830),也就是白居易59岁那年的诗有一篇较长的序言,序中详细叙述了他在洛阳的生活,比如住宅的面积有多大,园林里的亭台楼阁如何,以及自己在园子里如何饮酒听乐,等等。诗中则有这样的句子:"识分知足,外无求焉。……优哉游哉,吾将终老乎其间。"心满意足的神态,如见目前。其实,白居易的这种生活态度,并不是在退居洛阳后才有的,而是贯穿其整个人生的。即使在白居易仕途失意的阶段，他也是这样看待生活的。比如他在江州司马任上，可算是失意透顶之时，但是他在庐山盖了一座草堂，自称在草堂生活的"外适内和，体宁心恬"（《草堂记》）。他还在给元稹的信中自称在江州的生活有"三泰"：第一"泰"是合家团聚，"得同寒暖饥饱"；第二"泰"是江州物产丰富，自己的俸禄足够养家，"身衣口食，且免求人"；第三"泰"就是盖了庐山草堂，"可以终老"。全家团聚，且能温饱，这对于一个官员来说只是最基本的生活水准，白居易却自称其中有"三泰"，这显然是知足常乐的生活态度的具体表现。

比下有余故而心满意足

白居易的知足思想是怎么产生的？后人往往把它归结为中庸思想的影响，或是佛教和道家思想的影响，具体的情况比较复杂，要想深入了解的朋友可以去读读蹇长春教授所著的《白居易评传》。这本书是南京大学组织编写的《中国思想家评传丛书》中的一种，所以对白居易思想的剖析相当细致、相当深刻。我在这里只想对这种思想作一个通俗的解释，我认为白居易的知足常乐其实是经过"比上不足，比下有余"，尤其是"比下有余"的思维方式而得出的结果。我们先看一下白居易以同时代人为相比对象的"四比"。大和八年（834），63岁的白居易写了一首《吟四虽》。这个标题很奇怪，什么叫"四虽"呢？原来是诗中有四个"虽然"的"虽"字。"四虽"的具体内容是："年虽老，犹少于韦长史。命虽薄，犹胜于郑长水。眼虽病，犹明于徐郎中。家虽贫，犹富于郭庶子。"当时白居易正在洛阳任太子宾客分司，同僚中的长史韦绩已年过70，而白居易比他年轻七八岁。长水县令郑俞与白居易同年考中进士，可是当白居易当上河南尹，也就是东都洛阳的副长官时，郑俞才当上长水县县令，两人的官品相差四品之多。太子左庶子郭求则家境贫寒，白居易要比他富足得多。最值得注意的是第三组对比，即"眼虽病，犹明于徐郎中"。徐郎中指白居易的同僚徐晦。我们在前面曾经讲过，白居易由于读书太刻苦，很早就损坏了眼睛，看一切东西都像雾里看花。但是与因病而双目失明的徐晦相比，白居易又觉得自己的眼睛还算是比较明亮的。经过一番对比，白居易觉得自己虽然年已老迈、家境贫寒、官位低下、视力不佳，但是比起上面的四个人来，还是占有优势。于是白居易高兴地说："省躬审分何侥幸，值酒逢歌且欢喜。"

白居易还曾以古人为相比对象，当然，他也是专门把自己的处境与那些在某些方面遭遇不幸的古人相比，他自称："富于黔娄，寿于颜渊，饱于伯夷，乐于荣启期，健于卫叔宝。"(《醉吟先生传》)) 我们来具体分析一下白居易与古人的"五比"。

第一比是"富于黔娄"。黔娄是春秋时代著名的隐士，家里一贫如洗，死后用一条布被覆盖遗体，"覆头则足见，覆足则头见"。就是盖住头则双脚露了出来，盖住脚则头会露出来。孔子的学生曾参前来吊唁，看到这种窘状，就对黔娄之妻说，只要把布被斜过来盖，遗体就能覆盖住了。黔娄之妻回答说：先生一生讲求一个"正"字，身后怎能斜盖布被？后人把黔娄当作贫士的典型。相比之下，白居易当然是富裕多了。

第二比是"寿于颜渊"。颜渊就是颜回，孔门的大弟子，他只活了32岁就夭折了，是著名的短寿之人，白居易的寿命当然要长得多了。

第三比是"饱于伯夷"。伯夷是商末孤竹国人，因不食周粟而饿死在首阳山，白居易当然要比他饱得多。

第四比是"乐于荣启期"。荣启期是春秋时代的一个隐士，他曾对孔子自称有人生三乐：是人，是男人，活到90岁。(见《孔子家语·六本》) 除了第三乐即长寿以外，其余的二乐真是太一般了。所以白居易认为自己要比荣启期更快乐。

第五比是"健于卫叔宝",这是"五比"中最有意思的一比。卫叔宝是东晋名士卫玠,是个弱不禁风的美男子,只活了27岁就死了,时人说他是被人"看杀"的,所以白居易认为自己比卫玠更健康。请注意,白居易尽找那些不幸之人的弱点来与自己作对比,比如卫叔宝这个对象其实有两个特点:一是病弱,二是貌美。假如白居易与卫叔宝比相貌,当然是必败无疑。但是白居易不跟他比相貌而只比健康,于是大获全胜。

古代有一个田忌赛马的故事,田忌在三场比赛中稳操两场的胜券:一场是以己方的中驷去比对方的下驷,另一场则以己方的上驷去比对方的中驷,尽管第三场以己方的下驷去比对方的上驷而负一局,但结果总是二胜一负。白居易比田忌有过之而无不及,因为他专以自己之长处去比别人的短处,所以无往而不胜。

经过这样的"四比"、"五比",比来比去,白居易总比别人优越,总比别人幸运,所以他怎么会不知足呢?他怎么会不快乐呢?

朋友们也许会批评白居易的这种生活态度太过消极。的确,如果是着眼于整个国家或民族的前途,我们不能小富即安，而应该不断前进。即使是对待个人的事业，我们也应该奋发图强，力争上游。但是如果是对待个人的生活水平，尤其是物质生活，则白居易的知足常乐的观点还是有一定的参考价值的。因为无论在什么方面，我们普通人永远处于"比上不足，比下有余"的处境，只有"比下有余"的生活态度才能让我们获得安宁、愉快的心境。假如你老是关注"比上不足"，你的眼睛老是盯着比你更幸运、更成功的人，你将会永远处于焦躁、烦恼之中。人生苦短，我们又何必这样折磨自己呢？

附 录

李留守相公见过，池上泛舟举酒，话及翰林旧事，因成四韵以献之

引棹寻池岸，移樽就菊丛。何言济川后，相访钓船中。
白首故情在，青云往事空。同时六学士，五相一渔翁。

常乐里闲居，偶题十六韵，兼寄刘十五公舆、王十一起、吕二炅、吕四颖、崔十八玄亮、元九稹、刘三十二敦质、张十五仲方，时为校书郎

帝都名利场，鸡鸣无安居。独有懒慢者，日高头未梳。
工拙性不同，进退迹遂殊。幸逢太平代，天子好文儒。
小才难大用，典校在秘书。三旬两入省，因得养顽疏。
茅屋四五间，一马二仆夫。俸钱万六千，月给亦有余。
既无衣食牵，亦少人事拘。遂使少年心，日日常晏如。
勿言无知己，躁静各有徒。兰台七八人，出处与之俱。
旬时阻谈笑，旦夕望轩车。谁能雠校间，解带卧吾庐。
窗前有竹玩，门外有酒沽。何以待君子？数竿对一壶。

和《自劝》

稀稀疏疏绕篱竹,窄窄狭狭向阳屋。
屋中有一曝背翁,委置形骸如土木。
日暮半炉麸炭火,夜深一盏纱笼烛。
不知有益及民无?二十年来食官禄。
就暖移盘檐下食,防寒拥被帷中宿。
秋官月俸八九万,岂徒遣尔身温足?
勤操丹笔念黄沙,莫使饥寒囚滞狱。

从同州刺史改授太子少傅分司

承华东署三分务,履道西池七过春。
歌酒优游聊卒岁,园林萧洒可终身。
留侯爵秩诚虚贵,疏受生涯未苦贫。
月俸百千官二品,朝廷雇我作闲人。

不能忘情吟 并序

乐天既老,又病风,乃录家事,会经费,去长物。妓有樊素者,年二十余,绰绰有歌舞态,善唱

《杨枝》，人多以曲名名之，由是名闻洛下。籍在经费中，将放之。马有骆者，驵壮骏稳，乘之亦有年。籍在长物中，将鬻之。圉人牵马出门，马骧首反顾一鸣，声音间，似知去而旋恋者。素闻马嘶，惨然立且拜，婉娈有辞。辞毕泣下。予闻素言，亦愍默不能对。且命回勒反袂，饮素酒。自饮一杯，快吟数十声，声成文，文无定句，句随吟之短长也。凡二百三十四言。噫！予非圣达，不能忘情，又不至于不及情者。事来搅情，情动不可柅。因自哂，题其篇曰《不能忘情吟》。吟曰：

鬻骆马兮放杨柳枝，掩翠黛兮顿金羁。

马不能言兮长鸣而却顾，杨柳枝再拜长跪而致辞。

辞曰：主乘此骆五年，凡千有八百日。

衔橛之下，不惊不逸。

素事主十年，凡三千有六百日。

巾栉之间，无违无失。

今素貌虽陋，未至衰摧。骆力犹壮，又无痑溃。

即骆之力尚可以代主一步，素之歌亦可以送主一杯。

一旦双去，有去无回。

故素将去，其辞也苦。骆将去，其鸣也哀。

此人之情也，马之情也，岂主君独无情哉！

予俯而叹，仰而哈，且曰：
骆骆尔勿嘶，素素尔勿啼。骆反厩，素反闺。
吾疾虽作，年虽颓，幸未及项籍之将死。
亦何必一日之内，弃骓兮而别虞兮！
乃目素兮素兮，为我歌《杨柳枝》。
我姑酌彼金罍，我与尔归醉乡去来。

对酒有怀，寄李十九郎中

往年江外抛桃叶，去岁楼中别柳枝。
寂寞春来一杯酒，此情唯有李君知。
吟君旧句情难忘，风月何时是尽时？

天寒晚起，引酌咏怀，寄许州王尚书、汝州李常侍

叶覆冰池雪满山，日高慵起未开关。
寒来更亦无过醉，老后何由可得闲？
四海故交惟许汝，十年贫健是樊蛮。
相思莫忘樱桃会，一放狂歌一破颜。

别 柳 枝

两枝杨柳小楼中,嫋娜多年伴醉翁。
明日放归归去后,世间应不要春风。

吟 四 虽

酒酣后,歌歇时。请君添一酌,听我吟四虽。
年虽老,犹少于韦长史。
命虽薄,犹胜于郑长水。
眼虽病,犹明于徐郎中。
家虽贫,犹富于郭庶子。
省躬审分何侥幸,值酒逢歌且欢喜。
忘荣知足委天和,亦应得尽生生理。

醉吟先生传

醉吟先生者,忘其姓字、乡里、官爵,忽忽不知吾为谁也。宦游三十载,将老,退居洛下。所居有池五六亩,竹数千竿,乔木数十株,台榭舟桥,具体而微,先生安焉。家虽贫,不至寒馁。年虽老,未及耄。性嗜酒、耽琴、淫诗，凡酒徒、琴侣、诗客，多与之游。游之外，栖心释氏，通学小中大乘法。与嵩山僧如满为空门友，平泉客韦楚为山水友，彭城刘梦得为诗友，安定皇甫朗之为酒友。每一相见，欣然忘归。洛城内外六七十里间，凡观寺、丘墅有泉石花竹者，靡不游。人家有美酒、鸣琴者，靡不过。有图书歌舞者，靡不观。自居守洛川洎布衣家，以宴游召者，亦时时往。每良辰美景，或雪朝月夕，好事者相过，必为之先拂酒罍，次开诗箧。酒既酣，乃自援琴，操宫声，弄《秋思》一遍。若兴发，命家僮调法部丝竹，合奏《霓裳羽衣》一曲。若欢甚，又命小妓歌《杨柳枝》新词十数章。放情自娱，酩酊而后已。往往乘兴，履及邻，杖于乡，骑游都邑，肩舁适野。舁中置一琴一枕，陶、谢诗数卷。舁竿左右悬双酒壶，寻水望山，率情便去。抱琴引酌，兴尽而返。如此者凡十年。其间日赋诗约千余首，岁酿酒约数百斛，而十年前后赋酿者不与焉。妻孥弟侄虑其过也，或讥之不应，至于再三，乃曰：凡人之性，鲜得中，必有所偏好。吾非中者也，设不幸吾好利而货殖焉，以至于多藏润屋，贾祸危身，奈吾何！设不幸吾好博弈，一掷数万，倾财破产，以至于妻子冻馁，奈吾何！设不幸吾好药，损衣削食，炼铅烧汞，以至于无所成，有所误，奈吾何！今吾幸不好彼，而自适于杯觞讽咏之间。放则放矣，庸何伤乎？不犹愈于好彼三者乎！此刘伯伦所以闻妇言而不听，王无功所以游醉乡而不还也。遂率子弟入酒房，环酿瓮，箕踞仰面，长吁太息曰：吾生天地间，才与行不逮于古人远矣。而富于黔娄，寿于颜渊，饱于伯夷，乐于荣启期，健于卫叔宝。幸甚幸甚，余何求哉！若舍吾所好，何以送老？因自吟《咏怀》诗云："抱琴荣启乐，纵酒刘伶达。放眼看青山，任头生白发。不知天地内，更得几年活？从此到终身，尽为闲日月。"吟罢自哂，揭瓮拨醅，又引数杯，兀然而醉。既而醉复醒，醒复吟，吟复饮，饮复醉。醉吟相仍，若循环然。由是得以梦身世，云富贵，幕席天地，瞬息百年，陶陶然，昏昏然，不知老之将至，古所谓得全于酒者，故自号为醉吟先生。于时，开成三年，先生之齿，六十有七，须尽白，发半秃，齿双缺，而觞咏之兴犹未衰。顾谓妻子云：今之前，吾适矣；今之后，吾不自知其兴何如！

第十讲
白居易的晚年生活

七老会与九老会

唐文宗大和元年(827),56岁的白居易任秘书监,赐金紫。秘书监虽是清闲之职,但是位至从三品。"金紫"是指金鱼袋和紫色官服,紫色是唐代官服中品级最高的一等。一年以后,白居易改官刑部侍郎,相当于现代的司法部副部长,品级虽为正四品,但是职责相当重要。当年年底,57岁的白居易向朝廷请"百日病假"。到了大和三年(829)春天,"百日病假"期满,白居易被罢去刑部侍郎的职务,以太子宾客的官职分司洛阳。太子宾客虽是正三品的高级官职,但"分司"则是安置在东都洛阳的只领俸禄而无实际职责的闲差而已。从大和三年起,也就是从58岁那年起,白居易再也没有离开过洛阳。尽管他在大和四年（830）又被任为河南尹，但河南尹就是东都的副长官，办公地点仍在洛阳，况且此时的白居易已经没有当年在杭州、苏州任刺史时的从政热情，只是办办例行公事而已。三年以后，白居易免河南尹而再授太子宾客分司。大和九年（835），64岁的白居易又升为太子少傅，官至二品，但仍然是分司东都的闲差。直到会昌元年（841），70岁的白居易罢太子少傅，次年以刑部尚书的官职致仕，才算正式退休。但是在事实上，白居易从58岁那年起就开始过退休生活了。白居易卒时年75岁，他的晚年生活长达十八年之久。那么，白居易是如何度过他的晚年生活的呢？

总的说来，白居易的晚年生活有两点内容值得一提：一是及时行乐，尽量提高晚年生活的质量；二是未雨绸缪，及时安排好一切后事。现在先说第一点。

我们在上一讲中已经说过白居易在物质享受上的种种情况，那些情况主要是发生在晚年的。那么，除了住宅比较宽敞，园林比较整洁，以及家有专事歌舞的家妓之外，白居易的晚年生活中还有其他形式的享受吗？有的，那就是友情之乐。人类是具有社会性的生物，孤独的处境是人生的大不幸。白居易平生结交了不少亲密朋友，其中最引人注目的是旗鼓相当的诗友。大和三年（829），也就是白居易退居洛阳的第一年的春天，他就与元稹频繁唱和，双方所写的唱和诗都达到四十多首。此年九月，元稹路过洛阳，小住数日，与白居易畅叙友情。冬季，元、白二人各自生了一个老来子，互相寄诗祝贺。与此同时，白居易也与刘禹锡频繁地唱和。等到两年以后元稹因病去世，刘禹锡就成为白居易最主要的诗友。开成元年（836），刘禹锡来到洛阳任太子宾客分司。以后的六年中，刘、白二人同在洛阳，经常唱和，直到会昌二年（842）刘禹锡去世为止。前有"元白"，后有"刘白"，元稹和刘禹锡都是与白居易友情深厚而且在诗坛上与他齐名的大诗人。正像袁宗道所说，白居易能有元稹、刘禹锡这样的诗友互相唱和，真是人生一乐。

洛阳是唐代的东都，是官员退休后安度晚年的好地方。白居易的老友裴度、李珏等人退休后都到洛阳定居，于是白居易周围有了许多志趣相投的老年朋友，他们经常在一起游山玩水、饮酒吟诗。例如开成二年（837）三月三日，66岁的白居易与裴度、李珏、刘禹锡等十六人一起到洛水边举行修禊活动。他们在船上设了宴席，在洛水中泛舟，经过斗亭、魏王堤，到天津桥。白居易等人在船上饮酒赋诗，船前张有水嬉，船后陈有妓乐，两岸看热闹的人排成人墙。白居易游玩得兴高采烈，说："美景良辰，赏心乐事，尽得于今日矣。"（《三月三日祓禊洛滨》）白居易还结交了不少方外之友，他与香山寺僧如满结成香火社，并因此自号"香山居士"。

白居易晚年交友活动中最有名的聚会是"七老会"和"九老会"。会昌五年（845）三月二十一日，白居易邀请了六位年过七旬的老人到他家聚会，当时白居易74岁，张浑与他同岁，其余的五人都年过80岁，七人的年龄总和达到570岁，白居易高兴地说："七人五百七十岁，拖紫纡朱垂白须。"又说："天年高过二疏傅，人数多于《四皓图》。"（《胡吉郑刘卢张等六贤皆多年寿，予亦次焉。偶于弊居，合成尚齿之会。七老相顾，既醉甚欢，静而思之，此会稀有。因成七言六韵以纪之，传好事者》）七位老人的平均年龄超过了80岁，所以这次聚会被称为"七老会"。"二疏傅"是指汉代的疏广、疏受叔侄二人，他们分别担任太傅、少傅的高官，但是急流勇退，辞官返乡，颐养天年。"四皓"是指秦末隐居在商山的四个隐士：东园公、甪里先生、绮里季、夏黄公。四人须眉皓白，人称"商山四皓"。白居易的意思是他们的年龄超过了二疏，他们这个团队的人数则超过了四皓，所以是值得自豪的老年群体。

到了此年夏天，又有两位年龄更大的老人前来参加聚会，白居易请人画了一幅《九老图》，这次聚会也被称作"九老会"。"七老会"也好，"九老会"也好，在后代都被传作佳话。也许有的读者朋友会问：几个老人聚会，有什么特别的意义呢？意义在于，中国是一个尊老的国度，中华民族自古就有尊老的传统。《孟子·公孙丑下》说："天下有达尊三：爵一，齿一，德一。朝廷莫如爵，乡党莫如齿，辅世长民莫如德。"意思是朝廷里最尊贵的是官爵，而民间最尊贵的则是年龄。"齿"就是年龄。白居易他们"七人五百七十岁"，当然是值得尊重的一个高寿群体。另一重意义在于，老年是人生的一个阶段，健康、愉快的老年生活是人生的一大幸福。能像七老、九老那样愉快地聚会，当然是老年生活中的一大乐事。"七老会"的活动内容是宴会和赋诗，既健康又有意义，当然是值得提倡的老年活动。

捐资开凿龙门险滩

从表面上看，白居易相当关心钱财。他在经济上精打细算，努力为晚年生活做好物质上的准备。白居易退居洛阳后，在前面的十二年中都是有官职在身的，有官职也就有正常的俸禄可领，所以经济上没有什么困难。正像他在大和九年（835）所写的诗中所说："月俸百千官二品，朝廷雇我作闲人。"（《从同州刺史改授太子少傅分司》）到了会昌元年（841）春季，70岁的白居易罢太子少傅之职，俸禄也随之而停。也就是当时白居易虽罢官而未致仕，免去了太子少傅的官职却没有及时办理退休手续，所以暂时不能领取退休薪俸。一向靠俸禄生活的白居易一下子断绝了经济来源，亲故纷纷为他担忧，白居易写诗劝慰他们说："囷中残旧谷，可备岁饥恶。园中多新蔬，未至食藜藿。"（《官俸初罢亲故见忧以诗谕之》）意思是家中尚有点积蓄，不至于活不下去。但与此同时，白居易也开始为今后的生活进行打算，他写了一首自表旷达之志的诗——《达哉乐天行》，以相当夸张的口气说道："二年忘却问家事，门庭多草厨少烟。庖童朝告盐米尽，侍婢暮诉衣裳穿。妻孥不悦甥侄闷，而我醉卧方陶然。起来与尔画生计，薄产处置有后先。先卖南坊十亩园，次卖东郭五顷田。然后兼卖所居宅，仿佛获缗二三千。半与尔充衣食费，半与吾供酒肉钱。吾今已年七十一，眼昏须白头风眩。但恐此钱用不尽，即先朝露归夜泉。未归且住亦不恶，饥餐乐饮安稳眠。"请看，白居易多么会精打细算，甚至连变卖家产来度过余年的具体步骤都想好了：先变卖果园，再卖田地，最后连住宅也一并卖掉。但是事实并非如此。一来这仅仅是个纸上谈兵的计划，事实上第二年白居易就以刑部尚书的官职正式退休，从而得以领取半俸。白居易高兴地说："半俸资身亦有余！"（《刑部尚书致仕》）卖园卖地的事根本没有发生。二来这多半是戏言式的夸张表达，当他写作此诗时，太子少傅的官职刚刚罢去，"月俸百千"的俸禄也刚刚停发，哪里会一下子陷入如此贫困的境地！所谓"门庭多草厨少烟"，所谓"庖童朝告盐米尽，侍婢暮诉衣裳穿"，分明是极度的夸张之语。我们知道白居易的履道里宅里建着一座粮仓，他家又没有太多的人口，难道粮仓里的存粮这么快就吃光了？至于衣服，更不会在短期内就达到"衣裳穿"的窘境。我觉得白居易这样写不过是为了表达他的旷达之情，就是即使今后没有俸禄收入而变得穷困了，也仍然会从容不迫地"饥餐乐饮安稳眠"。这正是他一贯标榜的知足常乐的生活态度啊！所以，我们说白居易善于安排后事，并不是指经济上的精打细算。

况且，白居易虽然常常在诗歌中说到俸禄收入和与钱财有关的内容，但他绝不是爱财之人。大和六年（832），61岁的白居易为元稹撰写墓志，得到润笔六七十万钱，这笔钱比白居易当时的半年薪俸还多，白居易却全部捐献出来助修洛阳香山寺。即使在他正式退休，只领半俸之后，白居易还曾为了地方上的公益事业而慷慨解囊。会昌四年（844），73岁的白居易终于实现了多年的一个愿望，就是捐资疏浚伊水上的一处险滩。原来伊水流经洛阳龙门山的地方有一处弯弯曲曲的险滩，名叫八节滩。滩中有许多尖锐的礁石，名叫九峭石。船只和竹筏行驶过此，经常触礁。尤其是天寒地冻的时节，水位下降，水中的礁石更加危险。船家和水手为了让船只安全过滩，被迫赤脚下水，手推绳牵，号寒之声终夜不绝。白居易早就立下誓愿，要救济那些可怜的船民。等到会昌四年，终于结识了一个慈悲为怀的僧人道遇，他与白居易有同样的心愿，于是两人合作经营开凿八节滩。白居易捐出家财，招募穷人前来出力开滩。一时间铁凿铁锤之声响若雷鸣，终于把那些尖锐的礁石尽行凿去，于是来往的船只行驶如飞，毫无妨碍。为害甚久的龙门险滩终于不复存在了！

开凿八节滩的工程完成后，白居易非常兴奋，写了两首诗专咏此事，刻在伊水边的石头上。第二首中说："七十三翁旦暮身，誓开险路作通津。夜舟过此无倾覆，朝胫从今免苦辛。十里叱滩变河汉，八寒阴狱化阳春。我身虽殁心长在，暗施慈悲与后人。"（《开龙门八节滩诗二首》）"叱滩"是长江三峡中的著名险滩，这句的意思是说险滩变得像银河一样宽敞平稳了。"八寒阴狱"指佛教传说中的八寒地狱，如今终于变得像阳春一样温暖了，因为船民们再也不用冒着严寒赤脚下水了。请大家想一想，白居易到了垂暮之年，还愿意为了公益事业慷慨解囊，他会是爱财之人吗？

安排子嗣与编纂文集

在古代中国，人们对子嗣问题是相当重视的。《孟子·离娄上》说："不孝有三，无后为大。"古人为什么这样担心"无后"？我觉得其深层原因是：儿女本是父母机体的一个组成部分，父母死后，他们的一部分机体却继续存活着，代复一代，就组成了一条永恒的生命之链。"无后"就是使生命之链断绝了，从深层的意义上说，这无异于谋害了父母的生命。所以孔夫子对别人最严厉的咒骂是："始作俑者，其无后乎！"（《孟子·梁惠王上》）民间最恶毒的咒骂也是"断子绝孙"。

白居易当然很重视自己的子嗣。但是他在这方面很不幸，他曾经生过四个女儿，三个夭折，只有一个阿罗长大成人。到了大和三年（829），58岁的白居易在洛阳得了一子，小名崔儿，可惜崔儿在3岁时就夭折了。老年丧子，当然是人生的一大不幸。白居易悲伤地说："怀抱又空天默默，依前重作邓攸身。"（《哭崔儿》）此时白居易已经年届六十，不大可能再得子，便过继了长兄白幼文的次子白景受为子嗣。白居易的胞弟白行简的儿子名阿龟，从小一直寄养在白居易家里。阿龟比阿罗大三岁，两人就像亲兄妹一样亲密，白居易一直把他视同己出。但是阿龟是白行简的独子,理应继承白行简的香火,所以不能过继给白居易。后来阿罗出嫁,随着女婿谈弘谟定居太原。会昌二年(842),白居易71岁那年,谈弘谟病卒,阿罗带着白居易的外孙女引珠和外孙玉童回到洛阳投靠白居易。所以白居易自编文集后,把其中的两本分别托付给玉童和阿龟保存。玉童,又名阁童,白居易对他非常怜爱,有诗说:"外翁七十孙三岁,笑指琴书欲遣传。自念老夫今耄矣,因思稚子更茫然。"(《谈氏小外孙玉童》)他希望玉童像司马迁的外孙杨恽一样文才卓著。

白居易虽然没有嫡亲的子嗣,但是他的过继儿子白景受却子孙兴旺,如今散居在洛阳近郊的白氏后裔已达一万多人,他们还成立了"白居易后裔理事会"。白居易泉下有知,当感欣慰!

白居易最为成功的后事安排是自编文集。作为一个历史人物,白居易具有双重身份。他既是中唐时代的重要政治人物,又是中唐时代重要的文学家。作为政治人物的白居易,曾经怀有远大的政治理想,曾经在朝廷里勇于进言,也曾经在地方官任上做出政绩。但是随着年龄的增大,也随着朝廷政治环境的恶化,白居易逐渐失去了从政的热情,他的人生观终于从兼济天下转向了独善其身。到了晚年,白居易当然不再可能在政治上有什么作为了。于是白居易的第一重身份渐趋淡化，第二重身份则越来越清晰。也就是说，晚年的白居易越来越清楚地认识到自己的文学家身份，他对自己名声的关注，他对后事的安排，都不再具有政治的色彩，而是集中在文学的范围之内。

在唐代文学家中，白居易是最热衷于为自己编纂文集的。后人对此有不少评论，比如清人朱彝尊说："诗家好名，未有过于唐白傅者。"（《重刊白香山诗集序》）赵翼也说："才人未有不爱名，然莫有如香山之甚者。"（《瓯北诗话》卷4）的确，白居易对编纂自己的诗文集简直是不遗余力，而且越到晚年越是用力。大和九年（835），64岁的白居易在洛阳编了一本60卷的《白氏文集》，共收诗文作品2964篇，派人送往庐山东林寺收藏，并告诫寺僧"不借外客，不出寺门"。第二年，65岁的白居易又编了一本65卷的《白氏文集》，共收诗文3255篇，交给洛阳圣善寺长老振大士收藏，也要求寺僧"不出院门，不借外客"，但是"有好事者任就观之"，就是允许读者到寺内借阅。开成四年（839），68岁的白居易编了67卷的《白氏文集》，共收诗文3487篇，送交苏州南禅院收藏。开成五年（840），69岁的白居易又编了一本10卷本的《白氏洛中集》，共收诗歌800首，都是在洛阳所写的。白居易将此集交给洛阳香山寺收藏。

最后，白居易又在 74 岁那年编了一本最完备的诗文集，题为《白氏长庆集》，计有前集 50 卷，后集 20 卷，续后集 5 卷，合计 75 卷，共收诗文 3840 篇。这是白居易生前最后一次为自己编集，也是收入作品最全的一个集子，他对之非常珍视，请人抄写了五本，其中的三本分别收藏在庐山东林寺的经藏院、苏州南禅寺经藏内、洛阳圣善寺律库楼。另外两本则交给自己的侄儿龟郎和外孙谈阁童，嘱咐他们"各藏于家，传于后"。白居易把五本文集分别收藏在不同的地方，显然是为了避免收藏在同一个地方遇到不测时毁于一旦。赵翼分析白居易的心态说："一如杜元凯欲刻二碑，一置岘山之巅，一沉襄江之底，才人名心如此！"(《瓯北诗话》卷 4) 西晋名臣杜预字元凯，他曾刻碑自纪功德，担心沧海桑田，无论石碑安置在何处都有可能被毁，于是刻成两块碑，一块立于岘山之巅，另一块沉入汉水之底。其用意是不管发生怎样的沧桑变化，就像《诗·小雅·十月之交》所说的"高岸为谷，深谷为陵"，也总有一块碑存于世间。虽然白居易亲手编纂的这部文集并没有完整地保存至今，但是只散失了五卷左右，白居易的大部分作品确实得以保存下来了。这应该归功于白居易本人的精心策划！

在印刷术还没有普遍运用的唐代，文人的作品主要是依靠手抄来进行保存，这就非常容易亡佚。作为对照，我们不妨看看杜甫的情况。杜甫去世时，他的诗集有60卷，还有小集6卷，估计存诗3330首。但是时至今日，存世杜诗只有1458首了。大约有一半的杜诗已经亡佚了，这真是非常可惜的一件事情。对于一个文学家来说，白居易为自己精心编集就是最成功的安排后事。因为文学家的生命价值就体现在他的作品中，如果作品能长久流传，就等于生命得到了延续。像白居易这样的伟大诗人，他的作品不但是唐诗的重要组成部分，而且是整个中华文化宝库中的瑰宝，所以白居易精心编纂文集且精心安排其保存，不仅对他自己的人生具有重大意义，而且对中华民族的文化史也具有重大意义，是白居易晚年生活中最重要的一项活动，这是白居易晚年生活的一大亮点。

唐代的"夕阳红"

总的说来，白居易的晚年生活是充实而有意义的。由于白居易早年的精神面貌是奋发有为的，相对而言，他退居洛阳后的表现显得比较消极，所以常常受到后人的批评。比如说，白居易退居洛阳后的诗歌写作不像早年那样关注民生疾苦，他在大和八年（834），即63岁那年所写的《序洛诗》中自称："苦词无一字，忧叹无一声。"便被后人严词指责，说他背离了早年写作《新乐府》的精神。其实晚年的白居易并没有完全忘却天下苍生，例如他在60岁那年新做了一件绵袄，穿在身上既轻又暖，便联想到饥寒交迫的百姓，作诗说："百姓多寒无可救，一身独暖亦何情？心中为念农桑苦，耳里如闻饥冻声。争得大裘长万丈，与君都盖洛阳城！"（《新制绫袄成，感而有咏》）即使只是口头说说而已，但毕竟胜于那些对民生疾苦不闻不问的人吧。况且白居易在青壮年时期已经创作了那么多的《新乐府》诗，我们又何必要求他在晚年继续这样写诗呢？

大和七年（833），62岁的白居易与好友张仲方、舒元舆同游洛阳龙门，醉后狂歌一曲，说："丈夫一生有二志，兼济独善难得并。不能救疗生民病，即须先濯尘土缨。况吾头白眼已暗，终日戚促何所成？不如展眉开口笑，龙门醉卧香山行。"（《秋日与张宾客、舒著作同游龙门，醉中狂歌，凡二百三十八字》）我觉得这是白居易晚年心迹的最好表白。在兼济天下的方面已经无可作为的前提下，白居易只能以独善其身为人生目标。在头白眼暗的衰暮之年，与其终日悲戚，不如愉快度日。况且晚年的白居易并没有只顾享乐，他曾捐资开凿龙门险滩，他曾积极编纂文集，对于一个退休的老人来说，我们还能提出什么更高的要求呢？

会昌六年（846）八月，75岁高龄的白居易与世长辞。当年十一月，白居易被安葬在洛阳龙门山下。白居易生前自号"醉吟先生"，河南尹卢贞便把白居易写的《醉吟先生传》刻成石碑立在墓侧。四方人士路经此地，都醻酒墓前表示敬意，所以墓前方丈之间的泥土经常浸透了酒浆，散发着酒香，好像为了让白居易继续"醉吟"。白居易永远活在后人心中。

附　录

胡吉郑刘卢张等六贤皆多年寿，予亦次焉。偶于弊居，合成尚齿之会。七老相顾，既醉甚欢，静而思之，此会稀有。因成七言六韵以纪之，传好事者

  七人五百七十岁，拖紫纡朱垂白须。
  手里无金莫嗟叹，樽中有酒且欢娱。
  诗吟两句神还王，酒饮三杯气尚粗。
  岿峨狂歌教婢拍，婆娑醉舞遣孙扶。
  天年高过二疏傅，人数多于《四皓图》。
  除却三山五天竺，人间此会更应无。

达哉乐天行

  达哉达哉白乐天！分司东都十三年。
  七旬才满冠已挂，半禄未及车先悬。
  或伴游客春行乐，或随山僧夜坐禅。
  二年忘却问家事，门庭多草厨少烟。
  庖童朝告盐米尽，侍婢暮诉衣裳穿。
  妻孥不悦甥侄闷，而我醉卧方陶然。

起来与尔画生计,薄产处置有后先。
先卖南坊十亩园,次卖东郭五顷田。
然后兼卖所居宅,仿佛获缗二三千。
半与尔充衣食费,半与吾供酒肉钱。
吾今已年七十一,眼昏须白头风眩。
但恐此钱用不尽,即先朝露归夜泉。
未归且住亦不恶,饥餐乐饮安稳眠。
死生无可无不可,达哉达哉白乐天!

开龙门八节滩诗二首 并序

　　东都龙门潭之南有八节滩、九峭石,船筏过此,例反破伤。舟人楫师推挽束缚,大寒之月,裸跣水中,饥冻有声,闻于终夜。予尝有愿,力及则救之。会昌四年,有悲智僧道遇,适同发心,经营开凿,贫者出力,仁者施财。于戏!从古有碍之险,未来无穷之苦,忽乎一旦尽除去之,兹吾所用适愿快心,拔苦施乐者耳!岂独以功德福报为意哉?因作二诗,刻题石上,以其地属寺,事因僧,故多引僧言见志。

铁凿金锤殷若雷,八滩九石剑棱摧。
竹篙桂楫飞如箭,百筏千艘鱼贯来。
振锡导师凭众力,挥金退傅施家财。
他时相逐西方去,莫虑尘沙路不开。

七十三翁旦暮身,誓开险路作通津。
夜舟过此无倾覆,朝胫从今免苦辛。
十里叱滩变河汉,八寒阴狱化阳春。
我身虽殁心长在,暗施慈悲与后人。

哭崔儿

掌珠一颗儿三岁,鬓雪千茎父六旬。
岂料汝先为异物,常忧吾不见成人。
悲肠自断非因剑,啼眼加昏不是尘。
怀抱又空天默默,依前重作邓攸身。

谈氏小外孙玉童

外翁七十孙三岁,笑指琴书欲遣传。

自念老夫今耄矣，因思稚子更茫然。
中郎余庆钟羊祜，子幼能文似马迁。
才与不才争料得？东床空后且娇怜。

新制绫袄成，感而有咏

水波文袄造新成，绫软绵匀温复轻。
晨兴好拥向阳坐，晚出宜披蹋雪行。
鹤氅毳疏无实事，木绵花冷得虚名。
宴安往往欢侵夜，卧稳昏昏睡到明。
百姓多寒无可救，一身独暖亦何情？
心中为念农桑苦，耳里如闻饥冻声。
争得大裘长万丈，与君都盖洛阳城！

秋日与张宾客、舒著作同游龙门，醉中狂歌，凡二百三十八字

秋天高高秋光清，秋风嫋嫋秋虫鸣。
嵩峰余霞锦绮卷，伊水细浪鳞甲生。
洛阳闲客知无数，少出游山多在城。

商岭老人自追逐，蓬丘逸士相逢迎。
南出鼎门十八里，庄店迤逦桥道平。
不寒不热好时节，鞍马稳快衣衫轻。
并辔跙蹰下西岸，扣舷容与绕中汀。
开怀旷达无所系，触目胜绝不可名。
荷衰欲黄荇犹绿，鱼乐自跃鸥不惊。
翠藻蔓长孔雀尾，彩船橹急寒雁声。
家酝一壶白玉液，野花数把黄金英。
昼游四看西日暮，夜话三及东方明。
暂停杯箸辍吟咏，我有狂言君试听。
丈夫一生有二志，兼济独善难得并。
不能救疗生民病，即须先濯尘土缨。
况吾头白眼已暗，终日戚促何所成？
不如展眉开口笑，龙门醉卧香山行。

白居易简谱

唐代宗大历七年（772），生于郑州新郑县，即白诗所称之"荥阳"。一岁。

大历十一年（776），五岁。居新郑，始学作诗。

唐德宗建中三年（782），十一岁。离新郑，从父白季庚于徐州别驾任所，寄居符离。

建中四年（783），十二岁。因两河用兵，随家人逃难至越中。

贞元三年（787），十六岁。作《赋得古原草送别》。传于此年在长安谒顾况，不确。谒顾事或在苏州。

贞元四年（788），十七岁。父季庚移官衢州别驾，从父至衢州。作《王昭君》二首。

贞元七年（791），二十岁。父季庚赴任襄州别驾，随父离衢，回符离居住。

贞元九年（793），二十二岁。离符离，往襄州依父。

贞元十年（794），二十三岁。父季庚卒，返符离守丧。

贞元十四年（798），二十七岁。夏移居洛阳，又往饶州探兄白幼文。

贞元十五年（799），二十八岁。返洛阳省母。作《自河南经乱，关内阻饥，兄弟离散，各在一处。因望月有感，聊书所怀，寄上浮梁大兄、于潜七兄、乌江十五兄，兼示符离及下邽弟妹》。秋赴宣州应乡试中式，冬赴长安。

贞元十六年（800），二十九岁。正月在长安应进士试，以第四人及第。返洛阳，又往宣州、浮梁，秋返符离。

贞元十七年（801），三十岁。秋离符离往洛阳，作《生离别》，或为湘灵作。

贞元十八年（802），三十一岁。在长安，冬始试书判拔萃科。

贞元十九年（803），三十二岁。在长安，试书判拔萃科登第，授秘书省校书郎。与元稹订交。

贞元二十年（804），三十三岁。在长安，为校书郎。始徙家于秦中，卜居下邽县义津乡金氏村。

唐宪宗元和元年（806），三十五岁。在长安，罢校书郎。与元稹居华阳观，成《策林》七十五篇。四月应才识兼茂明于体用科，登第。授盩厔尉。十二月作《长恨歌》。

元和二年（807），三十六岁。秋调充进士考官。冬为翰林学士。

元和三年（808），三十七岁。在长安。四月除左拾遗，仍充翰林学士。与杨氏结婚。

元和四年（809），三十八岁。在长安。始作《新乐府》五十首。

元和五年（810），三十九岁。在长安。五月改官京兆府户曹参军，仍充翰林学士。作《秦中吟》十首。

元和六年（811），四十岁。在长安。母陈氏卒。丁忧，退居下邽县义津乡金氏村。

元和十年（815），四十四岁。在长安，为太子左赞善大夫。六月，上疏论请捕刺武元衡之贼。八月贬江州司马。冬至江州。

元和十一年（816），四十五岁。在江州。秋作《琵琶行》。

元和十二年（817），四十六岁。在江州。四月作《与元九书》。

元和十四年（819），四十八岁。春离江州赴忠州刺史任。

元和十五年（820），四十九岁。夏自忠州召还长安，除尚书司门员外郎。

唐穆宗长庆元年（821），五十岁。在长安，任尚书主客郎中、知制诰。

长庆二年（822），五十一岁。在长安，任中书舍人。七月除杭州刺史，十月至杭。

长庆四年（824），五十三岁。在杭州。修筑钱唐湖堤。五月除太子左庶子分司东都，秋至洛阳。

唐敬宗宝历元年（825），五十四岁。三月除苏州刺史，五月到任。

宝历二年（826），五十五岁。在苏州。九月罢任。

唐文宗大和元年（827），五十六岁。春返洛阳。三月征为秘书监，居长安。岁暮奉使洛阳。

大和二年（828），五十七岁。春返长安。二月除刑部侍郎。

大和三年（829），五十八岁。三月罢刑部侍郎，以太子宾客分司东都。四月至洛阳。

大和四年（830），五十九岁。在洛阳。十二月为河南尹。

大和七年（833），六十二岁。在洛阳。四月免河南尹，再授太子宾客分司东都。

开成元年（836），六十五岁。在洛阳。自编《白氏文集》六十五卷。

开成三年（838），六十七岁。在洛阳。撰《醉吟先生传》。

会昌二年（842），七十一岁。在洛阳。以刑部尚书致仕，给半俸。

会昌四年(844),七十三岁。在洛阳。施家财开龙门八节滩以利舟楫。

会昌五年(845),七十四岁。在洛阳。三月为七老会。五月编成《白氏文集》七十五卷。

会昌六年(846),七十五岁。在洛阳。八月卒。葬龙门香山。

后　记

本书原名《莫砺锋评说白居易》，是根据我 2009 年在中央电视台《百家讲坛》栏目所作"白居易"系列讲座的记录稿改编而成，原书由安徽文艺出版社于 2010 年出版。十五年过去了，原书早已售罄，读者求购不得，凤凰出版社有意重版，遂派责编孟清女士与我商洽合作。近年来我曾做过几场关于白居易的公众讲座，其讲法当然与《百家讲坛》有所不同。我在撰写《唐诗与宋词》《莫砺锋讲唐诗课》时对白居易都设有专节，并乘机把白集重读一遍。此外我对白居易诗中的俸禄品服等问题做了一些粗浅的研究，曾有相关文章刊于报刊。所以我对白居易的理解稍有长进。本次重版把原书的十二讲合并成十讲，对原有内容稍作修订，原来附于全书之后的白居易诗文则移至每讲之后，文字仍依朱金城《白居易集笺校》。此外，本版增添"白居易简谱"作为全书的附录。总之本书的整体面目与原书有所不同，书名也随之改成《白居易十讲》。在编辑过程中，孟清女士付出很多劳动，凤凰出版社的领导等人士则给予很大支持，在此一并致谢。最后，衷心感谢喜读拙著的广大读者，并希望朋友们一如既往地对我的错误予以指正。

莫砺锋

2025年3月3日于南京城东美林东苑寓所

图书在版编目（CIP）数据

白居易十讲 / 莫砺锋著. -- 南京：凤凰出版社，2025.7. -- ISBN 978-7-5506-4594-3

Ⅰ.K825.6；I207.227.42

中国国家版本馆CIP数据核字第2025RC0493号

书　　　名	白居易十讲
著　　　者	莫砺锋
责 任 编 辑	孟　清
装 帧 设 计	朱文昊
责 任 监 制	程明娇
出 版 发 行	凤凰出版社（原江苏古籍出版社）
	发行部电话 025-83223462
出版社地址	江苏省南京市中央路165号，邮编：210009
照　　　排	南京凯建文化发展有限公司
印　　　刷	苏州市越洋印刷有限公司
	江苏省苏州市吴中区南官渡路20号，邮编：215104
开　　　本	850毫米×1168毫米　1/32
印　　　张	9.75
字　　　数	164千字
版　　　次	2025年7月第1版
印　　　次	2025年7月第1次印刷
标 准 书 号	ISBN 978-7-5506-4594-3
定　　　价	68.00元

（本书凡印装错误可向承印厂调换，电话:0512-68180638）